MÚSICA   CULTURA POP   ESTILO DE VIDA   COMIDA
CRIATIVIDADE & IMPACTO SOCIAL

EMILIE WAPNICK

COMO SER TUDO O QUE VOCÊ QUISER

UM GUIA PARA QUEM (AINDA) NÃO SABE O QUE FAZER MESMO DEPOIS DE CRESCER

Belas Letras

TECNOLOGIA
O MEIO AMBIENTE ART
LINGUAGENS
A TECNOLOGIA CIÊNCIAS EDU
NEGÓCIOS MATEMÁTICA AM
UAGENS ESPORTE NEGÓ
OLOGIA ARTE TECNOLO
EDUCAÇÃO LIN

Copyright © 2017, Emilie Wapnick.
Título original: *How to be everything – A guide for those who (still) don't know what they want to be when they grow up*
Publicado mediante acordo com HarperCollins Publishers.

Nenhuma parte desta publicação pode ser reproduzida, armazenada ou transmitida para fins comerciais sem a permissão do editor. Você não precisa pedir nenhuma autorização, no entanto, para compartilhar pequenos trechos ou reproduções das páginas nas suas redes sociais, para divulgar a capa, nem para contar para seus amigos como este livro é incrível (e como somos modestos).

Este livro é o resultado de um trabalho feito com muito amor, diversão e gente finice pelas seguintes pessoas:
Gustavo Guertler (*publisher*), Danielle Sales (tradução), Celso Orlandin Jr. (capa e projeto gráfico), Tatiana Sayuri Yoshizumi (preparação), Tanara de Araújo (revisão), Mariane Genaro (edição).
Obrigado, amigos.

2021
Todos os direitos desta edição reservados à
Editora Belas Letras Ltda.
Rua Antônio Corsetti, 221 – Bairro Cinquentenário
CEP 95012-080 – Caxias do Sul – RS
www.belasletras.com.br

Dados Internacionais de Catalogação na Fonte (CIP)
Biblioteca Pública Municipal Dr. Demetrio Niederauer
Caxias do Sul, RS

W252	Wapnick, Emilie
	Como se tudo o que você quiser: um guia para quem (ainda) não sabe o que fazer mesmo depois de crescer / Emilie Wapnick, tradução Danielle Sales. - Caxias do Sul, RS: Belas Letras, 2021.
	256 p.
	ISBN: 978-65-5537-089-8
	1. Criatividade. 2. Multipotencialidades. 3. Carreira. I. Título. II. Sales, Danielle.
21/71	CDU 159.947.3

Catalogação elaborada por Rose Elga Beber, CRB-10/1369

PARA VALERIE

"A arte supera a maestria."
MAGGIE NELSON

SUMÁRIO

Prefácio: Carta ao leitor   13

PARTE I
O QUE EU QUISER?
BEM-VINDO À TRIBO

1. Não há nada de errado com você   15
2. Multipotencialistas: preguiçosos ou inovadores?   32
3. Os componentes de uma vida multipotencialista feliz   50

PARTE II
OS QUATRO MODELOS DE TRABALHO COM AS MULTIPOTENCIALIDADES
PARA CADA CABEÇA, UMA SENTENÇA

4. A Abordagem do Abraço em Grupo   83
5. A Abordagem das Barras   111
6. A Abordagem de Einstein   132
7. A Abordagem da Fênix   151

PARTE III

OBSTÁCULOS COMUNS PARA MULTIPOTENCIALISTAS
MATANDO SEUS DRAGÕES

8. Seu sistema de produtividade pessoal — 176
9. O medo, a confiança e como lidar com pessoas que não nos entendem — 213
10. Conclusão — 235

Apêndice A: Multipotencialistas famosos — 241
Apêndice B: Exemplos de áreas interdisciplinares — 245
Agradecimentos — 249
Notas e leituras sugeridas — 251

PREFÁCIO
CARTA AO LEITOR

Se você está com este livro em mãos, provavelmente teve problemas ao tentar restringir-se a uma única opção quando ouviu a pergunta "O que você quer ser?". Mas não vou mostrar aqui como fazer isso.

Este livro é para pessoas que não querem escolher um único foco nem abandonar todos os seus outros interesses. É um livro para pessoas curiosas, que têm prazer em aprender coisas novas, criando e transformando identidades.

Você não precisa escolher uma única opção. Este é o grande segredo que ninguém contou a você. Este livro vai lhe mostrar como construir uma carreira frutífera e sustentável que lhe permitirá explorar todo o conteúdo que ama. Você pode ser O QUE QUISER.

Mas saiba de antemão que este não é um livro comum. E você não está começando uma experiência de leitura comum. Construir uma via multifacetada exige introspecção e experimentação. Estarei aqui para guiar você, mas também vou pedir que faça algumas atividades ao longo de nossa jornada. Estas podem ser algumas das tarefas que vou solicitar: criar muitas listas, fazer pirraça, pesquisar estranhas combinações de palavras. Então pegue uma caneta e um papel, e talvez um marca-texto elegante para selecionar frases das quais você queira se lembrar depois. Este é apenas o começo de algo muito grande. E muito divertido.

PARTE 1

O QUE EU QUISER?
BEM-VINDO À TRIBO

1

NÃO HÁ NADA DE ERRADO COM VOCÊ

— Emilie?

Levantei meus olhos do menu da *delicatessen*. Bem diante de mim, estava a professora de atuação com quem estudei na adolescência. Fazia muitos anos que não a via. Nós nos abraçamos, e ela me contou como estava indo sua escola de teatro.

— E o que você tem feito nos últimos tempos? — ela perguntou.

— Vou começar a faculdade de Direito no outono — respondi com entusiasmo. (Desde que fizera uma aula introdutória de Direito no ano anterior, desenvolvi uma fascinação nerd por coisas como contratos e direito de propriedade. Isso tudo parecia uma maneira inteiramente nova de olhar o mundo.)

A reação dela não foi a que eu esperava. Uma expressão engraçada se materializou em seu rosto ao mesmo tempo que ela inclinava a cabeça para o lado.

– Hummmm. Eu achava que você seria cineasta.

Meu coração afundou. Ali estava meu grande problema, verbalizado em uma única frase.

Eu achava que você seria cineasta.

Isso aconteceu há aproximadamente uma década. Eu tinha vinte e três anos e estava começando a observar um padrão em mim. Começava a perceber minha tendência a mergulhar em uma nova área, de modo que a minha atenção acabava se ocupando totalmente dela, levando-me a devorar com voracidade cada pedacinho de informação relacionada a ela e a concluir alguns poucos projetos pelos quais eu era muito apaixonada. Depois de alguns meses (ou anos), meu interesse começava a diminuir milagrosamente, e eu começava a mudar para outra área nova e empolgante, e o padrão tornava a se repetir. O tédio sempre se instalava no momento que eu atingia um nível bastante alto de proficiência no tema. É claro que esse também era o ponto em que as pessoas começavam a olhar para mim e a dizer:

— Uau, Emilie, você é boa mesmo nisso! Você realmente encontrou o que estava procurando, não é?

Argh. Imagine a culpa. Imagine a vergonha.

Essa maneira de estar no mundo — ficar fascinada por algo, mergulhar no assunto a fundo, adquirir habilidades em relação ao tema e perder o interesse por ele — me causou muita ansiedade. Por supor que a tendência de pivotar entre as disciplinas fosse uma coisa exclusivamente minha, me senti totalmente sozinha. Meus colegas certamente não tinham tudo planejado, mas todos pareciam estar em uma trajetória linear em direção a algo. Meu caminho, entretanto, sempre foi uma confusão de zigue-zagues: música, arte, web design, cinema, direito...

Quando minha ex-professora de teatro me disse, com aparente confusão e desapontamento, que ela ACHAVA QUE EU SERIA CINEASTA, foi como se eu tivesse batido de cara com uma verdade sobre mim mesma da qual estava me escondendo até então: eu era incapaz de me prender a qualquer coisa. Isso pareceu ser uma grande revelação, e não foi muito boa. Um milhão de perguntas começaram a pipocar em minha cabeça: *será que algum dia vou encontrar uma Coisa para chamar de "minha"? Será que eu tenho mesmo essa Coisa? E se o meu chamado não for uma das Coisas que eu tentei fazer antes, será que vou encontrá-la na próxima tentativa? Algum dia ficarei contente em um emprego por mais de alguns anos ou cada nova profissão perderá seu brilho rapidamente?* E a pergunta mais mordaz de todas: *se eu tiver que flutuar entre essas diversas áreas para ser feliz, algum dia chegarei a ser alguma coisa?* No fundo, eu ficava preocupada em ser alguém que não conseguia se comprometer com nada ou seguir adiante. Eu tinha certeza de que havia algo errado comigo.

Algumas pessoas poderiam rotular esses pensamentos como frívolos, privilegiados ou um produto da minha idade ou (falta de) maturidade na época, mas "Por que estou aqui?" é uma pergunta que seres humanos de todas as idades enfrentam em algum momento da vida. A experiência com esse tipo de confusão — confusão não apenas sobre sua carreira, mas sobre sua própria identidade — parece tudo, menos frívola. É paralisante.

O QUE VOCÊ QUER SER QUANDO CRESCER?

Você se lembra de quando era criança e perguntavam o que queria ser quando crescesse? Como você se sentia? Quando me faziam essa pergunta aos meus cinco ou seis anos, não me lembro da minha resposta específica. Mas me lembro do que acontecia depois de eu ter respondido: o rosto do adulto que fez a pergunta assumia uma expressão de aprovação e orgulho. Era bom declarar uma identidade. O mundo (bem, meu mundinho, pelo menos) a aprovava.

Acontece uma coisa com muitos de nós à medida que envelhecemos: a pergunta "O que você quer ser quando crescer?" deixa de ser um exercício divertido de devaneios para se tornar uma questão mais séria e que causa mais ansiedade. Começamos a sentir a pressão para dar uma resposta prática — uma resposta com peso e consequências à qual estaremos presos para sempre. Sentimos as pessoas ao nosso redor tentando identificar o tipo de pessoa que estamos nos tornando e desejamos o mesmo tipo de aprovação que recebemos na infância quando declaramos nosso desejo de nos tornarmos palhaços de circo ou dinossauros.

Queremos tudo isso, mas não queremos ficar presos a algo ou fazer uma escolha errada. Enquanto forças externas nos estimulam a "declarar uma especialização", "identificar nossos pontos fortes" e "encontrar um nicho", nós, mortais, lutamos para entender quem somos e que tipo de significado terá nossa vida. É uma confusão de pressões externas e internas, entrelaçadas com uma confusão existencial e de identidade. Essa bagunça também não está relegada à adolescência. Para muitos de nós, ela vai continuar ao longo da vida.

O MITO DO VERDADEIRO CHAMADO

Uma das razões de a frase "O que você quer ser..." causar estragos em nosso coração e nossa mente é deixar implícita a necessidade de sermos apenas *uma coisa*. Há uma boa chance de que, caso o seu eu de cinco anos de idade tenha recitado uma lista com dez futuros eus diferentes, o adulto que fez a pergunta tenha dito algo como: "Bem, e o que você escolhe? Você não pode ser tudo isso!". Certamente, quando chegamos à adolescência, há muito menos tolerância para respostas como: "Vou ser biólogo marinho, artista têxtil e jornalista!". É algo sutil, mas podemos traduzir a pergunta *O que você quer ser quando crescer?* como *Você só tem direito a ter uma única identidade nesta vida, então qual delas vai escolher?* Não é muito assustador? Quando formulada dessa maneira, não é de admirar que a pergunta nos deixe estressados.

A mensagem que diz que devemos decidir por uma única identidade é reforçada em muitos contextos. Os principais livros de carreira e com dicas de orientação vocacional apresentam testes para nos ajudar a reduzir nossas opções de carreira até que se consiga um ajuste perfeito. Faculdades e universidades nos pedem para escolher um curso superior. Os empregadores às vezes pedem aos candidatos que expliquem quando têm habilidades em diversas áreas, dando a entender que não possuem foco ou competência. Recebemos mensagens ameaçadoras das pessoas com quem convivemos e também da mídia sobre os perigos de ser um desistente, um "furão" ou um pau para toda obra, mestre de nada. Uma vida especializada é retratada como o único caminho para o sucesso e é altamente romantizada em nossa cultura. Todos já ouvimos falar da médica que sempre soube que queria ser médica ou do escritor que escreveu seu primeiro romance aos dez anos. Essas pessoas são apontadas como exemplos brilhantes, e — embora elas certamente existam (e não queremos direcionar nenhum ódio a esses poucos indivíduos que conseguem ser focados!) — muitos de nós simplesmente não se encaixam nesse modelo. Por meio de estímulos e condicionamentos sociais, aprendemos a acreditar na noção romântica do Único e Verdadeiro Chamado, que é a ideia de que cada um de nós tem uma grande coisa que devemos fazer com nossa vida: NOSSO DESTINO!

O que acontece se você não se encaixar nessa estrutura? Digamos que você tenha curiosidade sobre vários assuntos e há muitas coisas que gostaria de fazer em sua vida. Se você não consegue ou não quer se decidir por uma única carreira, talvez possa ficar preocupado por não ter Um Chamado Verdadeiro como todo mundo e, portanto, achar que falta um propósito na sua vida.

Não é isso. Na verdade, existe um bom motivo para essa sua tendência de se alternar entre as coisas, devorar novos conhecimentos e experiências e provar novas identidades.

VOCÊ É UM MULTIPOTENCIALISTA

Você está assentindo com a cabeça enquanto lê esse subtítulo? Então, tenho boas notícias! Você provavelmente é um multipotencialista: uma pessoa com muitos interesses e buscas criativas[1]. Se esta é a primeira vez que lê essa palavra, ela pode parecer difícil de pronunciar. Experimente dividir *multipotencialista* em três partes e diga-a em voz alta lentamente: *multi-potencia-lista*. Diga novamente: *multi-potencia-lista*. Não é tão ruim assim, certo? Bem, de todo modo, se tiver dificuldade em usar a palavra *multipotencialista* ou caso ela não lhe pareça uma boa opção, existem outras possibilidades. Aqui estão os termos mais comuns para o tipo de pessoa de quem estamos falando:

- multipotencialista: alguém com diversos interesses e buscas criativas;
- polímata: que sabe muito sobre diversos assuntos ou com conhecimento enciclopédico;
- renascentista: que se interessa por diversos assuntos e sabe muito sobre eles;
- pau para toda obra: que consegue fazer um trabalho aceitável em vários tipos de tarefa; pessoa versátil e hábil;
- generalista: pessoa cujas habilidades, interesses ou hábitos são variados ou não especializados;

---

[1] Em outras palavras, uma pessoa com potenciais múltiplos.

- *scanner* (ou explorador): alguém com curiosidade intensa a respeito de vários assuntos não relacionados (termo cunhado por Barbara Sher em seu grande livro *Refuse to Choose!*);
- moldável: capaz de incorporar diferentes identidades e realizar uma variedade de tarefas com elegância.

Esses sinônimos têm pequenas diferenças de significado. *Multipotencialista* e *explorador* enfatizam o impulso e a curiosidade, enquanto *polímata* e *renascentista* realçam o conhecimento acumulado (e também têm conotações históricas — podem evocar nomes como Leonardo da Vinci e Benjamin Franklin). O *pau para toda obra* tende a se referir às habilidades de uma pessoa em vez de se ater a seu conhecimento, e o *generalista* implica alguém com conhecimentos amplos, porém superficiais. As diferenças são sutis. O que importa é que, qualquer que seja a palavra que você adote, ela deve parecer a palavra certa. Você pode utilizar os termos que lhe façam mais sentido, não usar termo nenhum ou inventar sua própria palavra[2].

---

[2] É normal que, como comunidade, não concordemos com um único rótulo.

QUE TIPO DE MULTIPOTENCIALISTA VOCÊ É?

Não existe uma única maneira de ser um multipotencialista. Alguns de nós trabalham em diversos projetos ao mesmo tempo, outros preferem mergulhar em um único tema por meses ou anos, fazendo deste o nosso único foco até migrar para uma área totalmente nova. Os interesses de um multipotencialista podem ocorrer simultaneamente (com diversos interesses ao mesmo tempo), sequencialmente (com um interesse de cada vez) ou algo no meio do caminho.

SIMULTÂNEO ←—————————→ **SEQUENCIAL**
(Muitos projetos de uma só vez)　　　(Um projeto por vez)

Para descobrir seu lugar dentro desse espectro, pense em todos os seus interesses, projetos e empregos anteriores. É possível identificar um padrão? Você tende a se interessar por vários assuntos diferentes ao mesmo tempo ou prefere se concentrar intensamente em um de cada vez antes de passar para o próximo (e depois para o próximo)? Quantos projetos você gosta de ter em suas mãos de uma só vez e quantos seriam demais para você? Talvez sua capacidade de assumir projetos seja como um fogão: você tem quatro panelas em quatro bocas; algumas já estão fervendo em fogo alto, enquanto outras estão cozinhando lentamente. Talvez seu fogão metafórico seja mais parecido com a linha industrial de um restaurante, com uma grelha e um número infinito de projetos crepitando. Ou talvez você tenha uma fogueira que produz um glorioso incêndio de cada vez.

A maioria de nós realmente cai em algum lugar no meio do espectro entre o simultâneo e o sequencial, e frequentemente nos movemos ao longo dele em diferentes pontos de nossa vida. Se você não tem ideia de onde caiu, não surte! Vamos descobrir isso juntos. Nossos interesses, às vezes, são passageiros, mas, por vezes, nunca nos deixam. Eles também podem desaparecer e ressurgir apenas anos depois. Não importa como você se move pelos seus vários interesses e paixões; todas as maneiras de ser um multipotencialista são igualmente válidas.

O MAPA DE UM MULTIPOTENCIALISTA (DICA: NÃO SE TRATA DE UMA LINHA RETA)

Somos ensinados que cada área de interesse aponta para uma direção, nos levando a uma carreira. Digamos que você seja um estudante do ensino médio com inclinações científicas. Você pode continuar estudando biologia no ensino superior, seguir na área da saúde, ir para a faculdade de medicina, concluir sua residência e então se tornar um médico. E, é claro, existem ainda diferentes tipos de médico que você pode ser. Por fim, você pode trabalhar na área, optar por ser professor ou ser pesquisador, mas geralmente se presume que um estudante de medicina utilizará as habilidades adquiridas em seus estudos a serviço da carreira a eles associada: médico. Isso também se aplica a outras áreas. Certamente, o estudante de arquitetura se tornará um arquiteto, e o estudante de música se tornará um músico (ou talvez um professor de música). Espera-se que um estudante de engenharia se torne engenheiro. Cada uma dessas áreas tem uma carreira associada ao final de uma trajetória vertical[3]. Um especialista pode seguir diretamente qualquer um desses caminhos até chegar a uma carreira associada, mas os multipotencialistas são diferentes. Nós nos movemos tanto *vertical* quanto *lateralmente*. Aplicamos habilidades que vão além do serviço da carreira associada, para além de outras disciplinas e de maneiras incomuns.

Vamos usar minha própria jornada como exemplo. Música, arte, cinema e direito são quatro áreas que busquei profissional ou academicamente. Considere a trajetória vertical de cada campo.

---

[3] Quando as pessoas se referem às chamadas especializações inúteis, elas geralmente estão falando sobre áreas como inglês ou filosofia, que têm menos carreiras verticalmente associadas a elas. Não acredito em especializações inúteis. As habilidades adquiridas em programas como esses muitas vezes acabam sendo aplicadas em campos totalmente diferentes.

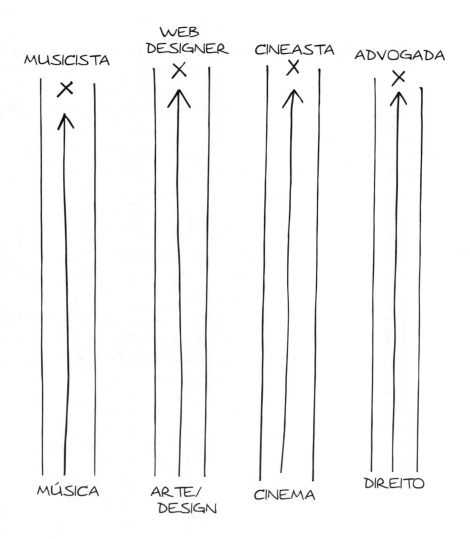

Na teoria, eu poderia ter percorrido diretamente qualquer uma dessas trajetórias. Juro que tentei, mas simplesmente não consegui! Minha jornada se parece mais com o esquema a seguir.

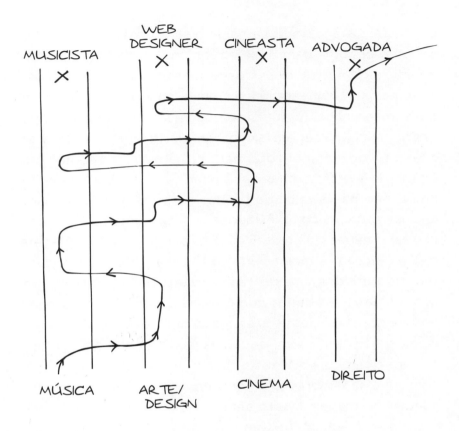

É uma bagunça, não é? Não me arrependo de ter seguido qualquer uma dessas áreas, embora nunca tenha me tornado musicista, web designer, cineasta ou advogada em tempo integral. Aprender sobre coisas interessantes é algo inerentemente alegre para mim, e descobri que muitas habilidades adquiridas nessas buscas me ajudaram em diferentes contextos. Minha formação jurídica me tornou uma escritora mais persuasiva, uma habilidade que utilizo sempre que escrevo um texto em um blog, preencho um formulário ou começo a fazer o rascunho de qualquer tipo de proposta. Os anos que passei imersa no cenário musical e tocando em uma banda me ensinaram a trabalhar bem em equipe, algo que utilizo todos os dias em meu negócio. Tocar em uma banda também me deu uma valiosa experiência em apresentações, o que me ajudou a falar em público anos depois. Minha experiência com web design me permite criar sites para qualquer um dos meus projetos ou me comunicar de maneira eficaz com um designer, se eu decidir contratar um. E não há nada como produzir curtas-metragens para ensinar sobre as complexidades do planejamento de eventos e a dinâmica de trabalhar com personalidades diferentes (e difíceis). A maior parte das minhas "vidas passadas" tem sido útil de maneiras reais e práticas. Ocasionalmente uso minhas habilidades conforme o esperado, como criar um site para um cliente ou ser paga para tocar músicas, mas eu as aplico com mais frequência lateralmente, em contextos em que elas podem se basear umas nas outras. Você consegue se lembrar das vezes em que aplicou suas habilidades de maneiras surpreendentes? Por exemplo, talvez tocar piano tenha feito com que você pudesse digitar mais rápido. Ou trabalhar com animais o tenha ensinado a ser um professor mais empático. Isso está começando a fazer mais sentido para você? Nossos caminhos podem parecer aleatórios ou caóticos no papel, mas geralmente são mais práticos do que imaginamos.

COMO SER UM MULTIPOTENCIALISTA EM UM MUNDO DE ESPECIALISTAS

Ser um multipotencialista é maravilhoso e abraçar suas inúmeras paixões é demais! No entanto, ser abençoado com essa constituição psicológica específica também apresenta certos desafios. As multipotencialidades tendem a apresentar conflitos em três áreas principais: trabalho, produtividade e autoestima.

Trabalho

Encontrar um trabalho significativo e sustentável pode ser um dos nossos maiores desafios. Ao descobrir nossa multipotencialidade, também nos damos conta de que, com os anos, a preocupação e a confusão vão se esvaindo. No entanto, uma grande e ameaçadora questão tende a acompanhar essa percepção. *Ufa, sou um multipotencialista, que ótimo! Mas, agora, como é que eu vou ganhar a vida?* A ideia de fazer uma única coisa para sempre pode soar como um pesadelo para nós, mas a instabilidade financeira por constantemente abandonarmos o navio pode soar igualmente aterrorizante. Existe uma alternativa para essas duas abordagens? Existe uma maneira de fazer toda "a coisa multipotencialista" funcionar? Essa é a questão central deste livro. Nos próximos capítulos, encontraremos multipotencialistas felizes e financeiramente confortáveis. Aprenderemos como eles estruturam suas carreiras para apoiar sua multipotencialidade e como você também pode fazer o mesmo.

Produtividade

Embora a produtividade seja um desafio para a maioria das pessoas, é essencial que aqueles de nós que buscam vários projetos descubram seu próprio sistema de produtividade pessoal. Como você se concentra em vários projetos ao mesmo tempo e progride em todos eles? Como lida com a porcaria interna (procrastinação, dúvidas, sobrecarga e verificação crônica de e-mail) que pode impedi-lo de seguir em frente com seus objetivos? No capítulo 8, veremos algumas ferramentas que o ajudarão a escolher o que você deve focar, a decidir como estruturar seu tempo e a saber quando é preciso mudar de direção. Também discutiremos técnicas para superar a procrastinação e entrar no fluxo.

Autoestima

O mundo moderno nem sempre é amigável com os multipotencialistas. Como resultado, muitos de nós crescemos com sentimento de dúvida, baixa autoestima e outros problemas relacionados à saúde mental. Em adolescentes, a multipotencialidade está associada a depressão, ansiedade, opressão, dilemas existenciais e culpa em relação à incapacidade de escolher uma única opção ou mudar de direção[4]. Esses sentimentos podem persistir na idade adulta, causando muita dor e nos impedindo de encontrar nossos potenciais. No capítulo 9, abordaremos esses problemas considerando nossas inseguranças mais comuns:

---

[4] Veja a seção Notas e Leituras Adicionais Sugeridas para ter acesso a algumas pesquisas que têm sido desenvolvidas atualmente.

- culpa e vergonha (quando saímos de uma área e vamos para outra);
- o desconforto de ser um novato a todo momento;
- o medo de não ser o melhor no que se faz;
- síndrome do impostor;
- críticas externas;
- o tão temido *E então, com o que você trabalha mesmo?*.

Discutiremos cada um desses desafios — trabalho, produtividade e autoestima — em profundidade. Ao fazermos isso, você começará a montar seu plano de ação personalizado. Munido com as informações deste livro, minha esperança é de que você comece a projetar uma vida que lhe permita ser o maior e melhor multipotencialista que puder: ser você mesmo plenamente e ter uma carreira e uma vida alinhadas com aquilo a que você se sente conectado. Espero que isso não sirva apenas para fazê-lo feliz, mas para que todos possamos nos beneficiar do trabalho incrível que você fará ao longo de sua vida.

A verdade é que não lhe falta destino ou propósito. Há uma razão muito boa para esta sua curiosidade insaciável: você é aquela pessoa que vai agitar as coisas, criar algo novo, resolver problemas complexos e multidimensionais, tornar a vida das pessoas melhor com seu jeito único. Quaisquer que sejam seus planos, você não pode começar sufocando sua multipotencialidade. Deve abraçá-la e utilizá-la.

2

MULTIPOTENCIALISTAS: PREGUIÇOSOS OU INOVADORES?

Você provavelmente está familiarizado com a percepção comum daquelas pessoas que fazem muitas coisas ao mesmo tempo: que somos preguiçosos, cuja incapacidade de nos comprometer com uma única coisa é nosso defeito fatal. Quase todos os idiomas, do árabe ao coreano, têm uma versão da expressão "pau para toda obra, especialista em nada". A frase espanhola *Quien mucho abarca poco aprieta* significa "Quem abraça demais aperta fraco". Em lituano, a frase *Devyni amatai, dešimtas badas* significa algo como "Quando você quer fazer nove operações, a décima é a fome". Os vietnamitas, ao dizerem *Mô. t ngh`ê cho chín, còn ho'n chín ngh`ê*, vão direto ao ponto dos julgamentos que geralmente são feitos contra nós: "É melhor ser um mestre em um trabalho do que ser mediano em nove. Mas os multipotencialistas são realmente *medianos*? Realmente não temos conhecimento do que fazemos e sofremos financeiramente por causa disso? Vamos mergulhar no argumento do "pau para toda obra e especialista em nada" e ver como ele se sustenta na prática.

"FAZER MUITAS COISAS AO MESMO TEMPO SIGNIFICA SER MEDÍOCRE EM TODAS ELAS"

Esse argumento parece fazer sentido do ponto de vista matemático: se a pessoa *A* gasta dez mil horas[5] aprendendo um único ofício, e a pessoa *B* gasta 2.500 horas aprendendo quatro ofícios diferentes, então a pessoa *B* tende a ser menos "habilidosa" (ou seja, mais medíocre) em qualquer área, certo? Essa premissa é baseada na ideia de que a *habilidade* é a única qualidade que importa. Eu gostaria de argumentar que criatividade, engenhosidade e paixão são igualmente importantes. Alguém com décadas de treinamento musical necessariamente escreve canções mais bonitas (ou até mais lucrativas) do que um músico que toca há apenas alguns anos? Um professor experiente do ensino médio é mais efi-

---

[5] Malcolm Gladwell popularizou a "regra das dez mil horas" em seu livro *Fora de Série – Outliers*. A regra diz que são necessárias dez mil horas de prática para se tornar um artista de classe mundial. Essa teoria foi baseada na pesquisa do psicólogo Anders Ericsson, que analisou os hábitos de atletas de classe mundial e virtuosos musicais. Desde o lançamento de *Fora de Série – Outliers*, a regra das dez mil horas foi expandida para além de seu significado original, aplicada a contextos nos quais nunca deveria ter sido utilizada e interpretada de maneiras que vão além do escopo da pesquisa original. Agora, ela é comumente utilizada para sugerir que os indivíduos não devem buscar algo, a menos que estejam dispostos a investir dez mil horas nisso. Em minha opinião, essa interpretação desvaloriza qualquer iniciativa que vá além das habilidades técnicas e desestimula o aprendizado e a investigação. Para uma resposta convincente à regra das dez mil horas, consulte o livro de Josh Kaufman, *The First 20 Hours*.

ciente do que um professor com pouco tempo de carreira, mas que transborda entusiasmo e paixão por seu trabalho? A resposta para ambos os casos é não — ou melhor, *não necessariamente*. A experiência é importante, mas não é o único fator para avaliar nosso sucesso futuro, nossa felicidade profissional ou nossas contribuições sociais.

Precisamos de especialistas e generalistas, mas em contextos diferentes

Um alto nível de habilidade técnica é mais importante em certas áreas e profissões do que em outras. Os cirurgiões cardíacos são altamente especializados por um bom motivo. Não sei quanto a você, mas certamente eu preferiria que um especialista operasse meu coração! Em relação ao tratamento de problemas crônicos de saúde, no entanto, tenho mais interesse em trabalhar com um médico menos especializado e que tenha uma noção real de como os diferentes sistemas do corpo funcionam em conjunto. Levei um tempo para encontrar meu médico atual. Além de ser naturopata certificado, ele é acupunturista licenciado e trabalha com medicina funcional. Isso significa que ele tem uma série de ferramentas diferentes à sua disposição. Ao lidar com um problema de saúde, ele sempre sugere um tratamento que "seja eficaz e cause o mínimo possível de prejuízos". Em alguns casos, isso significa o uso de medicamentos, mas, em muitos outros, trata-se de um protocolo envolvendo ervas ou uma mudança na dieta que melhor se encaixe nesses critérios. Essa abordagem não é para todos, mas funciona para mim. No entanto, como eu disse, se algum dia eu precisar de uma cirurgia cardíaca, pode apostar que pedirei uma indicação ao meu médico (e tenho certeza de que ele ficará feliz em me dar uma)! Especialistas e generalistas são valiosos e necessários, só depende do contexto.

Não ser "o melhor" não é o mesmo que ser medíocre

Existe um meio-termo entre ser um profissional de classe mundial e ser um profissional totalmente medíocre. Embora alguns de nossos interesses tenham vida curta, os multipotencialistas costumam ser altamente qualificados em algumas áreas. Podemos até ser especialistas! Uma expressão mais precisa, embora menos enérgica, para descrever um multipotencialista pode ser: "pau pra toda obra, especialista em nada". Isso posto, é possível fazer um excelente trabalho sendo proficiente *o suficiente* em determinada área e combinar essa habilidade com criatividade e paixão.

Os multipotencialistas definem suas próprias categorias

Dê uma olhada em sua coleção de livros ou em seu histórico da biblioteca. Há uma boa chance de você não ter lido somente títulos sobre assuntos específicos (matemática, música, política, filosofia). Você provavelmente também adora livros que são amálgamas de vários assuntos. Ao examinar minha estante agora, vejo livros que tratam das relações entre as disciplinas: arquitetura e psicologia, matemática e as cores, a filosofia envolvida no ato de caminhar. Também vejo aqueles que subvertem o gênero, como memórias em forma de poesia e um livro cômico sobre ansiedade. Esses títulos devem ter sido escritos por multipotencialistas. Enquanto os especialistas se destacam em um único domínio, os multipotencialistas fazem combinações de domínios e trabalham em suas interseções. Isso nos permite atingir um profundo nível de conhecimento sobre a *relação entre domínios* — nossa própria forma de especialização.

SUPERPODERES DOS MULTIPOTENCIALISTAS

Ok, cansei de nos defender contra acusações de mediocridade. Aqui está uma pergunta interessante: como os multipotencialistas podem lidar com seus pontos fortes? Se você for como os multipotencialistas que conheço, passou muito tempo se preocupando se não estava condenado ao fracasso. É hora de colocar essa retórica enfraquecedora de lado e considerar a alternativa de que talvez os multipotencialistas sejam apenas agitadores incompreendidos. E talvez tenhamos nosso próprio conjunto de pontos fortes: nossos superpoderes! Vamos dar uma olhada em cinco coisas que os multipotencialistas fazem extremamente bem e conhecer algumas pessoas que estão fazendo bom uso de seus superpoderes.

Superpoder multipotencialista nº 1: síntese de ideias

Somos excelentes sintetizadores. Combinar dois ou mais conceitos e criar algo novo no meio deles é totalmente a nossa praia. A Twig Terrariums é uma floricultura no Brooklyn especializada em esculturas vivas. Imagine um jarro de vidro, vaso, globo ou béquer que possa abrigar musgo, suculentas, flores e... estatuetas minúsculas pintadas à mão. Cada criação conta uma história diferente: um casal de idosos sentado em um banco, um cowboy pastoreando o gado, um apocalipse zumbi, um punk levantando uma garrafa de bebida e mostrando o dedo do meio. A Twig foi fundada pelas amigas Michelle Inciarrano e Katy Maslow, que combinaram seus interesses em ciência, botânica, *storytelling*, arte e design para criar algo único. Com a ajuda do professor de química de Michelle (Michelle era estudante de ciências na época — nem me fale em aplicação de habilidade lateral!), a dupla projetou um ecossistema de sucesso em um vidro de galheteiro do armário da cozinha de Michelle. A partir daí, começaram a experimentar diferentes tipos de terrário e, por fim, nasceu a Twig Terrariums.

A síntese de ideias pode resultar em algo totalmente novo. E, por extensão, ser utilizada para lidar com problemas sociais urgentes por meio de soluções originais. Entre 2004 e 2013, de acordo com relatórios do estado de Utah, o número de sem-teto crônicos diminuiu 91% naquela localidade. Esse declínio notável foi atribuído a um modelo denominado Housing First [Moradia Primeiro], desenvolvido pelo psicólogo clínico Sam Tsemberis por meio de seu programa Pathways to Housing [Caminhos para Moradias]. De acordo com a abordagem da Housing First, os desabrigados recebem moradia sem precisar de pré-requisito algum. Dar casas aos sem-teto pode não parecer algo revolucionário, mas (estranhamente) desafia a sabedoria convencional presente nessa área. No modelo de trabalho anterior utilizado para ajudar os desabrigados em Utah, os sem-teto eram obrigados a estar sóbrios e sem fazer uso de drogas antes de se qualificarem para o programa de moradia. O modelo de Tsemberis primeiramente fornece um teto a essas pessoas e só depois as encaminha para serviços sociais. A abordagem da Housing First foi testada em contextos rurais e urbanos em todos os Estados Unidos, com resultados igualmente impressionantes.

Um dos aspectos mais interessantes dessa história é que Tsemberis não tinha treinamento em serviços para moradores de rua; ele era psicólogo. No início da década de 1990, Tsemberis atuou em uma organização para pessoas com doenças mentais. Trabalhando próximo a desabrigados, aprendeu sobre os enormes desafios de se morar nas ruas. Quando percebeu que estava tratando das mesmas pessoas repetidamente, ficou óbvio para ele que o modelo atual não estava funcionando. Tsemberis desenvolveu o modelo da Housing First com base em seu treinamento e sua experiência como psicólogo. Ele partiu da premissa de que é difícil lidar com o vício e a doença mental sem primeiro reduzir o estresse extremo e a instabilidade que acompanham a vida de quem mora nas ruas.

Em geral, são pessoas de fora da área, e não especialistas experientes, que apresentam soluções para problemas antigos. Como explicam os médicos dr. Karim Lakhani e dr. Lars Bo Jeppesen na *Harvard Business Review*: "Quanto mais diversificada for a população de pessoas solucionadoras de problemas, maior será a probabilidade de um problema ser sanado. As pessoas tendem a vincular problemas que estão distantes de suas áreas de atuação com soluções que encontraram em seu próprio trabalho". Os multipotencialistas estão em uma ótima posição para apresentar soluções criativas, pois temos muitas perspectivas às quais recorrer. Somos uma "população diversificada de solucionadores de problemas", somos "tudo em um"!

Superpoder multipotencialista nº 2: aprendizagem rápida

Os multipotencialistas apreendem conceitos e adquirem habilidades rapidamente por três razões principais:

1. Entendemos como é ser um iniciante (ou seja, como é tatear no escuro). Saber que precisamos superar o embaraçoso estágio de iniciante significa que ficaremos menos desanimados quando estivermos em contato com ele novamente. A cada área que dominamos, ganhamos confiança em nossa própria capacidade de absorver e compreender coisas novas. Essa confiança, por sua vez, acelera o aprendizado, tornando-nos mais propensos a assumir riscos criativos e a sair de nossa zona de conforto.

2. Somos apaixonados (às vezes, quase obsessivos) pelas coisas que nos fascinam. Nossa paixão nos leva a absorver o máximo que pudermos em um curto período de tempo. Somos conhecidos por despender horas fazendo pesquisas, lendo livros com uma rapidez incrível e mergulhando com profundidade em novas atividades[6].

3. Raramente começamos do zero quando buscamos um novo interesse, uma vez que muitas habilidades são transferíveis entre disciplinas. Seu conhecimento de matemática, por exemplo, pode ajudá-lo a compreen-

---
6 Isto lhe soa familiar?

der teoria musical com mais rapidez. E, depois de anos escrevendo poesia, atendo-se à questão de como as palavras funcionam em relação umas às outras, aprender a programar pode ser mais fácil.

O aprendizado rápido é incrível, especialmente nos locais de trabalho. O produtor de publicidade para televisão Tom Vaughan-Mountford aprendeu sozinho a usar o WordPress e o Google AdWords com o objetivo de criar um novo site corporativo para a empresa em que trabalha. Por causa de sua capacidade em adquirir habilidades rapidamente, sua empresa não precisou contratar um desenvolvedor externo, o que teria custado milhares de dólares. Além das habilidades em si, a simples vontade de experimentar coisas novas também pode tornar os multipotencialistas muito populares no ambiente profissional. O consultor JB Fournier descobriu que isso era verdade em seu último trabalho:

> Fui contratado por uma grande empresa de consultoria. Com o passar do tempo, aos poucos fui me tornando a pessoa certa para fazer coisas com as quais ninguém sabia lidar muito bem. Eu era conhecido por "tentar", seja lá o que fosse. Meu talento era desconsiderar a hesitação que meus colegas altamente especializados sentiam em relação ao desconhecido, ou seja, o sentimento de que, se você nunca fez uma coisa, provavelmente não deveria tentar fazê-la.

A curiosidade intelectual é o elemento básico da multipotencialidade, então é raro encontrar um multipotencialista que não esteja interessado em aprender alguma coisa[7]. Muitas pessoas presumem que paramos de aprender quando atingimos certa idade ou saímos da escola, mas pesquisas mostram que é possível aprender em qualquer idade. No entanto, ao discutir o desempenho cognitivo, os neurocientistas cunharam algo chamado de princípio "use ou perca": se você não usar regularmente uma habilidade específica (ou determinada parte do cérebro), será difícil recorrer a ela no futuro. Se você não estiver acostumado a aprender coisas novas regularmente, seja como autodidata, seja por meio de uma aprendizagem formal, pode ficar um pouco enferrujado. No entanto, com o tempo e a prática, você pode desenvolver sua habilidade de aprender, e rapidamente.

Superpoder multipotencialista nº 3: adaptabilidade

Os multipotencialistas podem se sentir em casa em vários cenários e papéis. Podemos nos servir de nosso vasto e variado conjunto de habilidades, dependendo das necessidades de nossos empregadores ou clientes. Como coordenadora pedagógica de uma escola, Carli F. descobriu que ela trafega entre as funções de consultora, mentora, contato, professora, facilitadora, redatora, diretora de logística, profissional de marketing e assistente de tecnologia, às vezes

---

[7] Há algumas exceções. Um multipotencialista que sofre de depressão pode não ter interesse algum em aprender, uma vez que a doença atrapalha sua motivação. E para alguém cuja situação econômica ou as responsabilidades tornam difícil priorizar o aprendizado em vez de colocar comida na mesa, aprender coisas novas certamente é algo que estará longe de seus pensamentos.

tudo no mesmo dia. A capacidade de fazer muitas coisas e alternar habilmente entre elas pode nos tornar indispensáveis e difíceis de substituir.

A adaptabilidade é um trunfo para multipotencialistas que são freelancers e donos de seus próprios negócios. Abe Cajudo é web designer, diretor de vídeo e consultor criativo. Trabalha com pequenas empresas, artistas e organizações educacionais em uma série de tarefas, incluindo design, campanhas de *crowdfunding* e criação de cursos on-line. Abe tem clientes que o conhecem estritamente como web designer e outros que o procuram como produtor de vídeo. Não é incomum que clientes anteriores fiquem sabendo de suas diversas habilidades e o contratem para exercer outra função. Muitos deles ficam surpresos e felizes ao descobrir que Abe pode ajudá-los em outras partes de seu projeto.

Sermos adaptáveis nos torna mais resilientes em uma economia instável e em rápida evolução. Por termos várias fontes de receita, podemos evitar colocar todos os nossos ovos no mesmo cesto. Se a demanda por nossos serviços de paisagismo diminuir, podemos assumir mais trabalhos de programação. Se formos mandados embora da nossa atividade como guia turístico, podemos procurar trabalho na indústria do turismo ou nos candidatar a empregos em todas as outras áreas nas quais temos interesse ou experiência. Robert Safian, editor e diretor administrativo da *Fast Company*, explica que a chave para prosperar em uma economia incerta é ter "uma mentalidade que abraça a instabilidade, que tolera — e até desfruta de — uma recalibração de carreiras, modelos de negócios e premissas". Na era pós-recessão, a adaptabilidade não é apenas um ativo, mas uma necessidade.

Superpoder multipotencialista n° 4: pensamento em larga escala

Multipotencialistas são capazes de observar como as ideias individuais se conectam com um mundo mais amplo. Somos grandes pensadores que gostam de fazer brainstorming, conceber projetos ambiciosos e pensar em maneiras de tornar as coisas melhores. Douglas Tsoi viu a necessidade de uma educação mais acessível em Portland, no Oregon. Ele conseguiu enxergar uma demanda por ensino de baixo custo, além de seu próprio amor pela aprendizagem, o que levou Douglas a fundar a Portland Underground Grad School, que oferece educação em nível de pós-graduação a preços acessíveis. Os cursos são variados, com títulos como: Gênero e Identidade Digital; Genética, Genômica e GenÉtica [de Genética + Ética]; e Da Marionete Política a Jim Henson: a Importância dos Fantoches. Eles oferecem bolsas de estudo às pessoas necessitadas e pedem aos alunos com condições financeiras que façam uma contribuição voluntária para o fundo de bolsas de estudo.

À medida que nós, multipotencialistas, aprendemos sobre as diferentes facetas do mundo, começamos a ver como os sujeitos se relacionam e interagem uns com os outros. Nossa ampla perspectiva nos permite localizar problemas sistêmicos que os especialistas, com seu profundo conhecimento de uma única área, podem não perceber. E nossa compreensão de como algumas escolhas impactam outros setores nos permite chegar a soluções mais compassivas e mais bem informadas. Douglas reconheceu que o preço da educação após o ensino médio nos Estados Unidos é uma barreira para muitos que desejam continuar estudando. No entanto, em vez de apenas *aceitar as coisas como elas são*, ele usou a criatividade e as conexões para mobilizar um tipo diferente de sistema educacional — aberto, acessível e baseado na comunidade.

A capacidade de diminuir o zoom e considerar os problemas de forma holística é um grande ativo nos locais de trabalho. Ela nos permite antecipar oportunidades e problemas em potencial, analisar informações e estar à frente da curva.

Se você quer exercitar os "músculos das grandes ideias" em seu ambiente profissional, trabalhe para uma empresa que esteja interessada nas ideias e opiniões de seus funcionários. Falaremos sobre os tipos de organização e cargo que são bastante adequados para multipotencialistas nos próximos capítulos, entretanto, lembre-se de que a receptividade a novas ideias e contribuições dos funcionários é algo a se observar ao considerar novos empregadores.

Superpoder multipotencialista n° 5: estabelecer relações e traduzi-las

Multipotencialistas são conectores naturais, tanto no sentido de que amamos nos conectar com as pessoas em um nível emocional, quanto no sentido de que amamos ajudar as pessoas a se entenderem e a se conectarem umas às outras. (Também adoramos conectar ideias, conforme discutimos anteriormente.) Nossas experiências variadas nos dão a capacidade de nos relacionar com pessoas de diferentes estilos de vida, e nossa intensa curiosidade nos torna bons ouvintes. Para um multipotencialista, não há nada como ficar falando como um nerd sobre nossa última obsessão com alguém que a compartilha, especialmente se essa pessoa for um especialista e puder nos ajudar a aprofundar nosso conhecimento.

Indo um pouco mais adiante, a capacidade de nos relacionarmos com diferentes pessoas significa que podemos ajudá-las a se relacionarem, fazendo "traduções" entre elas. Com certa frequência, os multipotencialistas se pegam interagindo com especialistas no trabalho, e nossa capacidade de conversar com cada pessoa falando suas "línguas" é um recurso incrível. Como técnica de teatro, Julia Junghans se vê atuando como um elo entre diferentes tipos de especialista:

> Meus diversos interesses e experiências me ajudam a iniciar um diálogo saudável entre duas partes que podem ter problemas para se comunicar por causa de suas diferentes áreas de especialização. Por exemplo, designers e técnicos têm uma linguagem bastante distinta quando falam sobre a produção de uma peça teatral. Estive em ambos os lados e trabalhei fora da indústria do teatro, então sou uma boa "tradutora".

Em seu livro *Refuse to Choose!*, a autora Barbara Sher compara o *scanner* (ou multipotencialista) com um maestro. O exemplo funciona literal e metaforicamente. Um maestro tem (no mínimo) treinamento básico em vários instrumentos, então ele sabe como se comunicar com cada família de instrumentos para ajudar as pessoas a entenderem as qualidades tonais e rítmicas que está buscando. Ele pode pedir aos violinistas para tocar determinada parte do arco a fim de obter o som certo para uma passagem ou ajudar os percussionistas com uma entrada particularmente complicada. E, quando a orquestra começa a tocar, o maestro facilita a maneira como os diferentes setores se fundem e "falam" uns com os outros, trazendo à luz uma visão maior. Os multipotencialistas são frequentemente descritos como "construtores de pontes" ou "pontos centrais da roda", em virtude da facilidade com que nos comunicamos e lideramos equipes multidisciplinares.

ACESSANDO SEUS SUPERPODERES

Embora muitos multipotencialistas sejam adeptos desses cinco superpoderes, alguns de nós são mais experientes do que outros e têm mais facilidade em aplicá-los. De vez em quando, recebo o e-mail de uma pessoa que passou a maior parte da vida tentando (miseravelmente) se especializar — não porque tivesse interesse genuíno em uma única área, mas porque achava que era isso o que *deveria* fazer. Esses e-mails costumam vir mergulhados em arrependimento e frustração, mas geralmente contêm uma semente de esperança do que poderia acontecer se essas pessoas começassem a abraçar sua pluralidade em vez de lutar contra. Recebi e-mails como este de pessoas de todas as idades: de vinte e poucos até na casa dos setenta anos. Nunca é tarde para começar. Quanto mais você se permitir explorar, fazer conexões entre ideias diferentes, sonhar com grandes projetos e colaborar com outras pessoas, mais fortes seus superpoderes se tornarão. Você pode até descobrir que tem mais alguns deles!

A RELAÇÃO ENTRE A MULTIPOTENCIALIDADE E A INOVAÇÃO

Os multipotencialistas sempre foram inovadores, e os inovadores muitas vezes foram multipotencialistas[8]. Aristóteles formou-se médico antes de se tornar filósofo. Benjamin Franklin inventou o para-raios e os óculos bifocais, além de ter sido político (entre outras coisas). Leonardo da Vinci, o polímata mais conhecido de todos os tempos, foi artista, inventor e matemático (novamente, entre outras coisas). Será que o interesse por muitos assuntos nos torna predispostos à inovação?

Embora a cultura dominante tente nos pintar como diletantes, a realidade é que, quando fazem uso de seus pontos fortes, os multipotencialistas podem prosperar profissionalmente e contribuir para o mundo de maneiras originais. Conforme Adam Grant, autor de *Originais: Como os Inconformistas Mudam o Mundo*, explicou em um artigo no *The New York Times*, há uma forte correlação entre ter muitos interesses e produzir um trabalho inovador:

> As evidências mostram que as contribuições criativas dependem da amplitude, e não apenas da profundidade, de nosso conhecimento e experiência. No setor da

---

[8] Veja o Apêndice A para saber mais sobre multipotencialistas famosos.

moda, as coleções mais originais são aquelas de diretores que passam a maior parte do tempo trabalhando no exterior. Na ciência, ganhar um Prêmio Nobel diz menos sobre ser um gênio obstinado e mais sobre estar interessado em muitos assuntos. Em relação a cientistas típicos, os ganhadores do Prêmio Nobel têm 22 vezes mais chances de atuar como atores, dançarinos ou mágicos; 12 vezes mais probabilidade de escrever poesia, peças ou romances; sete vezes mais probabilidade de se envolver em artes e ofícios; e duas vezes mais probabilidade de tocar um instrumento ou compor uma música.

Como vimos, os multipotencialistas são pensadores criativos e que pensam fora da caixa, que podem aprender rapidamente e se adaptar a tempos e circunstâncias flutuantes. Somos apaixonados, adoramos resolver problemas, nos conectar com nossos semelhantes e somos bons em liderar equipes interdisciplinares. Isso não quer dizer que não enfrentamos desafios ou temos fraquezas, mas, dadas as nossas inclinações naturais, não é surpreendente que os multipotencialistas tendam a ser os que agitam as coisas.

O VERDADEIRO PROBLEMA

Quando se trata de sucesso profissional, o que mais atrapalha não é a falta de comprometimento, e sim a falta de recursos. Os especialistas estão equipados com inúmeros livros de carreira, conselheiros que os entendem e um sistema educacional linear que foi construído apenas para eles.

É claro que a felicidade profissional nem sempre é fácil, até mesmo para os especialistas. Pode levar algum tempo para que descubram em qual setor gostariam de construir uma carreira. No entanto, estruturas e valores especializados são amplamente compreendidos e respeitados. Ninguém faz acusações a uma pessoa que se torna especialista em uma única área e sugere que ela geralmente acrescente outra especialização ao seu diploma. Onde estão os recursos para aqueles de nós que estão programados de uma maneira um pouco diferente e não querem ser *apenas* uma única coisa?

Minha esperança é de que você esteja segurando um desses recursos em suas mãos. Elaborei este livro para que pessoas como nós tivessem a quem recorrer ao projetar suas carreiras e sua vida. Ao longo dos próximos capítulos, entraremos em contato com detalhes práticos. Como exatamente projetamos carreiras que nos permitem explorar nossas superpotências multipotencialistas? Como podemos dar sentido e equilibrar as muitas coisas que queremos fazer? Se os multipotencialistas não têm planos de carreira claros e predefinidos, como muitos especialistas fazem, então por onde começar? Prepare-se: é hora de colocar a mão na massa.

3

OS COMPONENTES DE UMA VIDA MULTIPOTENCIALISTA FELIZ

Qual é a carreira ideal para um multipotencialista? Devemos ser arquitetos, já que a arquitetura nos permitirá usar os dois lados de nosso cérebro e misturar arte e ciências? Ou o gerenciamento de projetos é o caminho que devemos percorrer, já que nos permitirá focar muitas coisas ao mesmo tempo? Devemos simplesmente rejeitar os empregos tradicionais e sermos nossos próprios patrões para ter o máximo de liberdade e flexibilidade? Infelizmente, não há um único plano de carreira que seja perfeito para todos os multipotencialistas[9]. Existem muitos deles com vidas profissionais gratificantes como arquitetos, gerentes de projeto e empresários, mas muitos outros para quem essas carreiras seriam opções terríveis. Embora compartilhemos uma inten-

---

9 Dã!

sa curiosidade sobre vários assuntos, os multipotencialistas são todos diferentes, e cada um de nós tem seus próprios interesses, valores e prioridades.

A verdade, que descobri com relutância ao entrevistar pessoas para este livro, é que multipotencialistas felizes podem ser encontrados em qualquer função e em todos os setores, incluindo alguns aparentemente especializados. Um piloto, por exemplo, pode parecer um especialista, mas, se você "diminuir o zoom", perceberá que ele também pode ser cineasta e ativista. Pense em um projetista com uma carreira anterior na área da Educação, mas que vai abrir um restaurante. Se surgir a pergunta "E aí, mas o que é mesmo que você faz?" em uma festa, ele pode responder: "Sou projetista". Nesse momento, você pode achar que ele tem um foco bem estreito, mas, diante de todos os fatos apresentados, obviamente ele é, na verdade, um multipotencialista movido por seus interesses sequenciais.

Aqui está o problema: se os multipotencialistas são capazes de prosperar em um número infinito de profissões, e o que funciona para uma pessoa não necessariamente funciona para outra, então por onde devemos começar ao pensar em nossas carreiras? Para responder a essa pergunta, pesquisei e entrevistei centenas de multipotencialistas que se dizem felizes e financeiramente confortáveis. Eu gostaria de saber como eles fazem. Embora os entrevistados e participantes da pesquisa tivessem carreiras radicalmente diferentes, compartilhavam algumas semelhanças importantes. Todos haviam projetado vidas que lhes davam três elementos comuns: *dinheiro*, *significado* e *variedade* — nas quantias certas para todos.

ESTAMOS FALANDO DE PROJETO DE VIDA, E NÃO SOBRE PLANEJAMENTO DE CARREIRA

À medida que fui conhecendo melhor as histórias dos participantes, percebi que o senso de realização deles não decorria apenas de suas carreiras. O que eles fazem para ganhar dinheiro é apenas uma parte da equação — uma parte que se encaixa em uma vida mais ampla que criaram intencionalmente para si. Em outras palavras, este livro não trata de planejamento de carreira. É sobre projeto de vida. É por isso que é intitulado *Como ser tudo o que você quiser*, e não *Como ganhar a vida fazendo qualquer coisa*.

Nos próximos capítulos, conheceremos pessoas que conseguiram ter dinheiro, significado e variedade em um único trabalho. Também conheceremos aquelas que ficaram igualmente satisfeitas em obter alguns desses elementos ao longo de suas carreiras, e outras, por meio de uma variedade de hobbies e projetos pessoais. Nossa preferência individual e a natureza de nossos interesses desempenham um papel importante em como escolhemos estruturar nossa vida e nossa carreira. O importante é que dinheiro, significado e variedade estejam presentes em sua trajetória. Sua carreira deve estar alinhada com seus objetivos gerais. Seu trabalho deve parecer uma força integrada e de apoio em sua vida, e não um tipo-de-coisa-terrível-que-você-tem-que-fazer-para-pagar-as-contas. Dito isso, vamos mergulhar em cada elemento para podermos aprender melhor.

1. DINHEIRO

Olá, bagagem emocional! Este é um assunto difícil. Muitos de nós temos crenças sobre o dinheiro aprendidas com nossos pais e/ou com a sociedade. Talvez tenhamos internalizado a ideia de que nunca temos o suficiente, de que dinheiro é igual à felicidade ou que nosso salário representa nosso valor no mundo. A cultura capitalista pode encorajar uma atitude pouco saudável em relação ao dinheiro. A ideia de "correria" é romantizada, o que pode fazer com que imaginemos que precisamos trabalhar o tempo todo para sermos pessoas de sucesso. Há um número considerável de evidências de que o excesso de trabalho é prejudicial à saúde. Longas horas de trabalho estão associadas a estresse, ansiedade, depressão, insônia, diabetes tipo 2 e doenças cardiovasculares. No entanto, embora o excesso de trabalho seja um problema sério, a necessidade de dinheiro afeta nossos próprios instintos de sobrevivência. É real. Precisamos de dinheiro para ter comida no prato e um teto sobre a nossa cabeça, portanto, quando percebemos que falta algo, isso pode desencadear respostas biológicas como "lutar ou fugir", estejamos ou não em um risco iminentemente verdadeiro.

A abordagem do ingrediente em relação ao dinheiro

Quaisquer que sejam suas crenças ou questões em relação ao dinheiro — por mais que você o considere essencial ou supérfluo —, a maioria de nós concorda que precisamos dele. Uma maneira interessante de enxergar nossa necessidade de dinheiro é o que o autor John Armstrong chama de "abordagem do ingrediente". O dinheiro pode ser visto apenas como um ingrediente para uma vida feliz. Por si só, ele não é suficiente. No entanto, quando o dinheiro é combinado com outras virtudes (definidas como "boas habilidades mentais e de caráter"), ele pode nos levar a atingir nossos objetivos. Armstrong utiliza como exemplo um planejamento de férias. Nessa situação, o dinheiro pode nos trazer os seguintes benefícios:

- liberdade de manobra;
- opções de onde ficar;
- flexibilidade a respeito do que podemos comer e fazer nos momentos de lazer.

Enquanto isso, as virtudes necessárias para ter boas férias são:

- senso de propósito;
- autoconhecimento;
- astúcia;
- resiliência;
- espírito de aventura;
- sensibilidade cultural.

Se tivermos dinheiro, mas não tivermos essas virtudes, podemos acabar com: "entretenimento superficial, memórias sem-graça, experiências culturais rasas e inautênticas, abnegação e insatisfação". Se tivermos essas virtudes, mas não tivermos dinheiro, é provável que não possamos tirar férias! O dinheiro ajuda os multipotencialistas a perseguir suas paixões, seja comprar uma câmera para nos entregarmos à nossa nova paixão pela fotografia, seja matricular-se em um curso de escalada, seja financiar um negócio[10]. No entanto, sem criatividade, curiosidade e outras "virtudes", o dinheiro não nos levará muito além. É essencial, mas insuficiente.

Diferenças nas metas financeiras

Embora todos precisemos de certa quantidade de dinheiro para viver, esse montante varia dramaticamente de pessoa para pessoa. Algumas são frugais ou minimalistas por natureza e se importam bem pouco em adquirir bens materiais. Uma renda que atenda às suas necessidades básicas é suficiente para que se sintam satisfeitas. Outras se preocupam profundamente com conforto ou prestígio e desejam ter uma renda muito alta. A maioria de nós fica em algum lugar no meio disso tudo, e tendemos a nos preocupar mais com certos tipos de bem ou serviço do que com outros. Um corredor ávido, por exemplo, pode gastar muito dinheiro com tênis de alta qualidade, mas muito pouco com restaurantes, porque comer fora é menos importante para esse tipo de pessoa. Além de nossas paixões e preferências, cada um de nós tem obrigações e despesas diferentes. Pode ser que precisemos sustentar nossos filhos ou outros membros da família. Pode ser que estejamos vivendo em uma cidade grande e com alto custo de vida. Pode ser que não tenhamos assistência médica ou que tenhamos dívidas com

---

10 Para tornar o estilo de vida multipotencialista mais acessível, recomendo pegar equipamentos e suprimentos emprestados ou fazer negociações/permutas sempre que possível, pelo menos até que você saiba que determinado interesse provavelmente será mantido no futuro. Você pode vender seus suprimentos depois se decidir trabalhar com outra coisa.

empréstimos estudantis enormes. Quaisquer que sejam suas circunstâncias financeiras, é importante ser específico sobre o que você valoriza, bem como suas metas em termos de receita. Simplesmente buscar sempre "mais", sem definir o quanto você precisa e por quê, contribuirá para uma sensação crônica de nunca ter o suficiente.

Quais são suas metas financeiras?

Aqui estão quatro perguntas que você deve fazer a si mesmo para ajudá-lo a ter uma ideia melhor a respeito de seus objetivos financeiros:

1. Qual é o seu orçamento básico para sua sobrevivência (aluguel, contas, alimentação etc.) e quais costumam ser suas despesas adicionais?

2. O que você valoriza? Existem categorias de bens ou serviços que lhe trazem grande alegria e outras que importam bem menos para você? Essa questão é pessoal e subjetiva, então tente não se julgar. Se você adora beber café com leite pela manhã, tudo bem! Talvez não se importe muito com a televisão e dificilmente notaria se alguém cancelasse sua tevê a cabo. Seja honesto sobre o que você valoriza e em relação àquelas coisas sem as quais poderia viver tranquilamente. Saber isso ajudará a cortar custos desnecessários e a alocar mais fundos para elementos que podem melhorar sua vida.

3. Que itens ou experiências você precisa ter em sua vida para possibilitar que dê tudo certo? Permita-se sonhar um pouco em relação a esse ponto. Como seria sua vida se conseguisse alcançar seus objetivos financeiros?

4. Quais são as suas redes de segurança? Você tem amigos ou parentes que deixariam você dormir no sofá deles ou lhe emprestariam dinheiro caso estivesse em uma situação desesperadora?

Atendendo às suas necessidades de sobrevivência em primeiro lugar

Pode ser que você precise de tempo e experimentação para construir uma carreira que dê suporte à sua multipotencialidade. Provavelmente, você não alcançará suas metas financeiras de modo instantâneo, por isso é aconselhável garantir que suas necessidades básicas de sobrevivência sejam atendidas. Isso pode significar que você precise encontrar temporariamente ou permanecer em um emprego que é menos do que o ideal, contando com uma habilidade comercial que não lhe satisfaça por completo, vivendo com suas economias ou reduzindo suas despesas com cortes de custos, morando com colegas de quarto e por aí vai.

Quando Tim Manley tomou a decisão de se tornar artista profissional e escritor, ele não largou seu emprego como professor de inglês no ensino médio. Ele continuou a dar aulas e a buscar seu lado artístico paralelamente por alguns anos. Quando sentiu que estava quase pronto para deixar seu emprego como professor, decidiu que, em vez disso, tiraria um ano de folga para ver se conseguiria manter uma prática criativa em tempo integral. Ele reduziu suas despesas voltando a morar com sua família e passou aquele ano fazendo o tipo de trabalho pelo qual ansiava. Depois desse período, Tim voltou ao seu cargo de professor, e aquele foi seu último ano letivo enquanto economizava e preparava tudo para fazer sua transição. Tim só deu o salto definitivo depois de pensar muito sobre se aventurar por conta própria, fazer testes, reduzir suas despesas apoiando-se na família e, é óbvio, honrar seus compromissos, indo até o fim de seu contrato. Continuar com um trabalho que não é nosso ideal absoluto, mas que paga as contas, não parece glamoroso. Entretanto, pode ser aquela coisa (temporária) que torna nossos sonhos possíveis. Ter uma fonte confiável de renda facilita termos novas experiências livremente porque remove a pressão de precisarmos de nossas paixões para gerar um rendimento NESTE EXATO MOMENTO!

Pontos-chave sobre a questão do dinheiro

- Precisamos de dinheiro tanto para viver quanto para prosperar, mas a quantia necessária varia drasticamente de pessoa para pessoa.
- O dinheiro é apenas um dos ingredientes para ter uma vida feliz.
- É importante tomar nota de nossas necessidades financeiras, objetivos, valores e circunstâncias ao projetar nossa vida.

- Pode ser que leve tempo e precisemos experimentar antes de construir uma carreira que dê vazão à nossa multipotencialidade. Nesse ínterim, devemos ter certeza de que nossas necessidades básicas de sobrevivência serão atendidas.

2. SIGNIFICADO

Ter uma boa fonte de renda não é o suficiente para os multipotencialistas felizes e bem-sucedidos com quem conversei. Eles também precisam sentir que estão fazendo alguma coisa importante. O objetivo não é pagar as contas encontrando um monte de freelas para os quais você não dá a mínima. Apoiar a si mesmo é essencial (assim como a variedade é importante — em breve veremos mais sobre esse assunto), mas nada disso tem relevância se não houver uma sensação mais profunda de que se está fazendo algo significativo.

Reconhecemos que uma atividade ou projeto é significativo pela maneira como nos sentimos ao fazê-lo. Quando questionada sobre como definir a palavra "significado", Melea Seward, que se autodenomina "consultora de comunicação e estratégia, palestrante, contadora de histórias com improviso e educadora", descreveu sentir seu coração acelerar e sua respiração ficar mais pesada: "Você sabe quando sente uma coisa dessas. E você também sabe quando isso não está acontecendo na sua vida. Sem significado, seu mundo parece minúsculo e sem sentido, e você vive na rotina". O envolvimento com uma atividade significativa nos faz sentir como se tivéssemos tropeçado em algo brilhante. Sentimos que estamos acessando uma habilidade única e especial em nosso interior ou até mesmo canalizando uma força criativa que é maior do que nós. Podemos descobrir que é fácil entrar em um fluxo em que o tempo tende a diminuir ou acelerar. Uma atividade significativa nos faz sentir energizados ou alegres. Às vezes, tudo isso também pode ser difícil e exaustivo (basta falar com um assistente social — ou um escritor — e você saberá o que estou dizendo). Quando o trabalho em si é complexo, temos uma sensação mais profunda de que estamos fazendo algo importante e que nos faz persistir.

A importância de perguntar por quê

Uma maneira poderosa de descobrir o que é significativo para você é fazer a si mesmo esta simples pergunta: "Por quê?". Simon Sinek popularizou esse sentido particular da palavra *por quê* em sua influente palestra TED, chamada "Como grandes líderes inspiram ação". Ele argumenta que as marcas e os líderes pelos quais somos atraídos têm um forte entendimento de por que fazem o que fazem e apresentam esse *por que* o tempo todo. Podemos fazer o mesmo em nossa vida, identificando nossos próprios *porquês* — as forças motrizes por trás de nossas paixões.

Quanto mais conhecermos a nós mesmos e as forças que nos movem, mais fácil será tomar decisões relacionadas à carreira que não apenas satisfaçam nossas metas financeiras, mas também *pareçam corretas*. Precisamos entender não apenas *o que* nos trouxe um sentido de significado anteriormente (falar em público, contabilidade, pesquisa, ilustração, aconselhamento etc.), mas *por que* essas atividades foram tão gratificantes (porque conseguimos inspirar alguém, resolver problemas, aprender coisas novas, chegar a um estado meditativo, ajudar as pessoas a se sentirem vistas etc.). Enquanto trabalhava com crianças com deficiência de desenvolvimento, Heather Matinde descobriu que adora ajudar as pessoas a entrarem no mundo tátil e natural para que se sintam melhor física e emocionalmente. Ter esse conhecimento a respeito de si mesma foi o que a levou a abrir um negócio minimalista de sandálias. Calçados minimalistas (ou descalços) têm pouquíssimo acolchoamento e não têm salto para que o usuário possa sentir o chão sob seus pés. Muitas pessoas relatam que se sentem livres ou irrestritas ao usar calçados minimalistas. Embora diferente de seu trabalho com crianças deficientes, essa é outra maneira pela qual Heather pode ajudar as pessoas a sentir a natureza de uma forma tátil, para que possam se sentir confortáveis e fortalecidas. Assim, esse projeto está perfeitamente alinhado com o porquê de Heather.

Saber nossos porquês pode nos ajudar a criar uma narrativa em torno de interesses aparentemente díspares e fornecer um ponto de partida para considerar novas opções de carreira. Por exemplo, se sabemos que um de nossos porquês é *simplificar ideias complexas*, então podemos encontrar um significado em nossa vida por meio do ensino, da ilustração e trabalhando em um campo como a comunicação científica[11]. Se um de nossos porquês for *ajudar as pessoas a se sentirem seguras*, podemos encontrar

---

11 Esta não é uma lista exclusiva.

um significado na psicoterapia, no treinamento de pessoal, no serviço social e até mesmo na área de seguros! Apenas por meio da experimentação podemos saber se uma área ou profissão nos dará essa sensação de significado, mas conhecer nossos porquês pode nos dar pistas de onde devemos começar a experimentar.

Quais são os seus porquês?

Estes exercícios vão ajudá-lo a descobrir alguns dos seus porquês:

1. Pense em uma época em que você se sentia totalmente vivo, iluminado e adequado a seu ambiente. O que você estava fazendo? Feche os olhos e tente se lembrar de como era o ambiente ao seu redor, quem estava lá e como você se sentia. Quanto mais detalhes você lembrar, melhor. Talvez você até queira fazer um desenho. Este momento pode ser retirado de seu histórico profissional ou pode ser algo muito pessoal. Quando fiz este exercício pela primeira vez, a imagem que me veio à cabeça era fazer arte e tomar chá com meus bichinhos de pelúcia na mesa redonda de madeira da cozinha quando era criança. Eu costumava ficar horas naquela mesa.

2. Depois de identificar a atividade específica (ler um livro sobre História, apresentar uma estratégia de marketing, construir móveis, escrever um romance, projetar um robô cirúrgico com uma equipe de engenheiros mecânicos), diminua o zoom. O que você mais amou nessa atividade? Por que você se sentiu atraído por ela? No meu caso, o que mais amei no tempo que passei na mesa da cozinha não eram

a arte ou o chá. Foi o ato de poder imaginar e fazer misturas. A mesa da cozinha era o lugar aonde eu ia para dar vida às minhas ideias. Não importava se elas surgissem como pinturas, objetos feitos de massinha caseira ou histórias representadas por meus brinquedos. Até hoje, continuo a buscar e ser atraída por trabalhos que envolvam *imaginação* e *invenção*. Não importa se esse trabalho assume a forma de fazer filmes, escrever ou lançar comunidades on-line. Cada meio é apenas um veículo diferente para imaginação e fazer misturas.

3. Repita os passos anteriores pensando em três a cinco outros momentos que fizeram você se sentir vivo. Não há problema se seus momentos forem muito diferentes um do outro e você se sentir atraído por eles por razões distintas ou conflitantes.

4. Em uma nova página ou em uma área separada, faça uma lista dos porquês que você descobriu.

5. Volte a cada momento em sua lista original. Você consegue pensar em alguma outra experiência que teve em sua vida profissional ou pessoal que o atraiu pelos mesmos motivos?

6. Existem outras semelhanças entre seus momentos? Eles envolviam outras pessoas? Em caso positivo, como eram essas pessoas? Seus momentos aconteceram em ambientes silenciosos ou havia muita energia acelerada por perto? Novamente, não se preocupe se os ambientes parecerem entrar em conflito. Está tudo bem se você apreciar atividades tanto solitárias quanto aquelas em grupo. Como multipotencialistas, nós não apenas esperamos como também planejamos nossas próprias contradições.

Está tudo bem se você tiver mais de um porquê

É tentador querer reduzir todos os nossos interesses e antecedentes a uma única força motivadora. O perigo de tentar imaginar um único porquê é o risco de simplificar demais as coisas e apenas aplicar uma nova versão do ideal de especialista em nossa vida. Compreenda os padrões e as forças que o movem, mas aprenda a se sentir confortável com sua pluralidade. Você é uma criatura complexa e cheia de nuances. Você possui contradições e surpresas. E isso é uma coisa boa.

Ter dinheiro e significado suficientes

Seria fantástico se tudo o que fizéssemos produzisse receita e parecesse profundamente significativo. Queremos buscar o máximo possível de sobreposição entre significado e lucratividade, mas os multipotencialistas são criaturas em constante mudança com muitas, muitas paixões, e não é preciso ter vergonha por fazer algo puramente por diversão (ou mesmo só pelo dinheiro).

É fácil desvalorizar interesses que não gerem rendimentos, mas tome cuidado para não confundir lucratividade com valor. Uma atividade pode ser profundamente valiosa em um nível pessoal, mesmo que não esteja ligada às nossas carreiras. Ela pode nos dar oportunidades de crescer, retribuir, melhorar nossa saúde mental ou física, passar tempo de qualidade com nossa família ou ter qualquer outro benefício não quantificável, mas que seja importante. Os multipotencialistas normalmente têm uma série de projetos e atividades na vida, alguns dos quais são lucrativos e outros não. Resumindo, não importam quais de nossas atividades gerem algum tipo de rendimento desde que tenhamos dinheiro suficiente para nos sustentar.

Da mesma forma, não tem problema fazer algo apenas por dinheiro[12]. Certamente não devemos odiar o que fazemos, e diferentes tipos de pessoa têm diversos níveis de tolerância para exercer um trabalho que não alimenta a alma, mas é normal fazer uso de uma habilidade porque, no final, é isso o que vai pagar as contas. Neil Hughes é programador freelancer. Ele também é escritor, comediante e defensor das questões de saúde mental. A maior parte de sua renda vem de seu trabalho com programação, do qual ele gosta bastante. Programar é sua habilidade mais lucrativa e, embora não lhe forneça o mesmo grau de significado que seus outros projetos, é o que os torna possíveis. Assim como acontece com o dinheiro, o importante é que nem *tudo* o que fazemos traz significado para nossa vida, mas que, *no geral*, tenhamos significado suficiente em nossa história para sentir que estamos causando um impacto positivo no mundo.

Pontos-chave sobre a questão do significado

- Os multipotencialistas precisam de significado na vida para serem felizes.

---

[12] Isso pode ser considerado uma blasfêmia ou uma declaração flagrantemente óbvia, dependendo de quem a ouve.

- Não existe uma regra oficial que defina se uma atividade é ou não significativa, mas geralmente sabemos do que se trata quando estamos diante de uma.
- Uma maneira de identificar as atividades que nos trazem significado é descobrir nossos porquês — as forças que nos motivam e movem.
- Para descobrir nossos porquês, precisamos pensar em nossas buscas passadas que trouxeram significado para nossa vida. Não devemos nos perguntar quais eram essas atividades, mas por que gostávamos delas. O que nos atraiu e fez com que nos sentíssemos vivos?
- É normal ter mais de um porquê e também que nossos porquês pareçam contraditórios.
- Não há nada de errado em fazer algo puramente por diversão ou por dinheiro desde que tenhamos o dinheiro e o significado de que precisamos em nossa vida.

3. VARIEDADE

Você provavelmente já ouviu o ditado: "Encontre algo que ame fazer e não terá de trabalhar nunca mais". Esse conselho é bastante inútil para os multipotencialistas, que, por natureza, precisam de variedade para serem felizes. Mesmo quando encontramos algo que amamos fazer, não ficaríamos realizados se tivéssemos de fazê-lo todos os dias, para todo o sempre. No entanto, os aconselhamentos de carreira convencionais normalmente não reconhecem que a variedade é essencial para alguns de nós. É raro encontrar um coach de carreira que possa ajudá-lo a iniciar uma atividade em duas (ou mais) áreas muito diferentes ao mesmo tempo. A maioria dos livros sobre carreira tem como objetivo ajudá-lo a reduzir suas escolhas a um único ajuste "perfeito" em vez de auxiliá-lo a criar uma profissão multifacetada que combine seus interesses e permita que você use vários chapéus. A necessidade de variedade raramente é reconhecida, muito menos priorizada.

Quando temos uma ampla variação em nossa carreira, passamos o dia fazendo atividades que nos dão uma combinação de dinheiro e significado, nos alternando entre os projetos com uma frequência que nos parece certa. Todos os multipotencialistas precisam de variedade na vida para serem felizes, mas, assim como acontece com o dinheiro e o significado, a quantia exigida difere de pessoa para pessoa. Ter pouca variedade nos deixa entediados, frustrados e chateados por não sermos capazes de expressar nossa amplitude. Com muita variedade, ficamos sobrecarregados e desapontados porque não estamos fazendo tanto progresso quanto gostaríamos.

Por diversas vezes, os multipotencialistas trazem muita variedade para a vida, ficando, por fim, esgotados. Desejamos intensamente aprender e experimentar coisas novas. Queremos dizer sim à ideia de escrever ficção para adolescentes que acabamos de propor, ao passeio de bicicleta pela Irlanda que sonhamos em fazer e àquele programa de pós-graduação em arqueologia náutica muito legal que descobrimos. Podemos muito bem perseguir todas essas coisas (e outras mais) ao longo de nossa vida, mas buscá-las todas de uma vez pode nos sobrecarregar a ponto de não ser nem um pouco divertido.

Os multipotencialistas não precisam se limitar a um único foco, mas ter muita coisa para fazer pode nos deixar estressados! Felizmente, existe um meio-termo entre fazer apenas uma coisa e fazer tudo o que existe sob o sol. Seu trabalho é descobrir o perímetro desse meio-termo. Ele é diferente para cada pessoa. Você gosta de ter três projetos nas mãos, mas começa a se sentir oprimido quando adiciona um quarto? Ou esse número é muito maior? Talvez você tenha sucesso com nove ou dez projetos em mãos. Ou ainda esteja na extremidade sequencial do espectro que discutimos no capítulo 1 e realmente goste de se aprofundar em uma única área antes de partir para outra.

A quantidade de variedade de que precisamos não muda apenas de uma pessoa para outra; ela flutua ao longo da vida de cada um. Quando eu estudava cinema, não pensava em outra coisa. Meus projetos cinematográficos tendiam a dominar minha vida, e eu passava oito meses do ano submersa na produção de um único filme de doze minutos. Houve outras ocasiões em que estive envolvida em três ou quatro domínios diferentes ao mesmo tempo. Por volta dos meus vinte anos, eu administrava um negócio, escrevia músicas para um novo álbum, tinha aulas de química e era voluntária como professora particular depois da escola. Enquanto redijo estas linhas, estou envolvida em uma série de atividades de negócios, incluindo administrar uma comunidade on-line, me preparar para uma palestra e, claro, escrever este livro. Passamos por diferentes fases. Às vezes, faz sentido mergulhar fundo em uma única área e, outras vezes, o que nos energiza e nos entusiasma é uma grande diversidade de atividades.

A variedade pode estar entre alguns trabalhos ou em um único trabalho

É importante notar que o cinema é um campo extremamente interdisciplinar. Em outras palavras, os cineastas utilizam vários conjuntos de habilidades diariamente: redação, roteiro, direção, fotografia, edição, composição musical, negócios, planejamento de eventos, marketing e muito mais. Eu costumava escrever, dirigir, produzir e cuidar da música dos meus filmes. Amava trabalhar tanto! *E* foi fácil passar oito meses sem pensar muito em outra coisa.

Se estivermos envolvidos em uma área interdisciplinar, precisaremos de menos atividades adicionais para satisfazer nossa necessidade multipotencialista de variedade. Uma área como a de inteligência artificial, por exemplo, combina psicologia, filosofia, tecnologia, neurociência, ciência da computação, matemática, robótica, reconhecimento de padrões, aprendizado de máquina e percepção visual. E o desenvolvimento sustentável, como área, requer uma compreensão do desenvolvimento organizacional, economia, justiça social, ecologia, política, tecnologia, negócios, arquitetura e cultura. Projetos nesses âmbitos podem parecer, para quem está de fora, apenas "uma coisa", mas eles podem nos fornecer muita variedade. Quanto mais interdisciplinar for uma área, exigiremos menos variedade. O oposto também é verdadeiro.

De quanta variedade você precisa?

Eis algumas perguntas que o ajudarão a descobrir de quanta variedade você precisa em sua vida. As três primeiras perguntas servem para entender seus padrões gerais, e os números de 4 a 6 para avaliar sua situação.

1. Pense em uma época da vida em que se sentiu entediado ou sem inspiração por estar fazendo muito do mesmo. Em quantos projetos você trabalhava? Eles eram interdisciplinares ou bastante especializados?

2. Pense em uma época de sua vida em que se sentiu completamente sobrecarregado por estar envolvido em muitos projetos diferentes. Em quantos projetos você estava trabalhando? Eles eram interdisciplinares ou bastante especializados?

3. Pense em uma época de sua vida em que sentiu que tinha o equilíbrio perfeito de projetos em suas mãos. Em quantos projetos você estava trabalhando? Eles eram interdisciplinares ou bastante especializados?

4. Pense em todos os seus projetos pessoais e profissionais atuais e coloque um X no local onde você acredita estar neste exato momento:

Muitos, muitos projetos ← → Só uma coisa no momento

OS COMPONENTES DE UMA VIDA MULTIPOTENCIALISTA FELIZ • 71

> 5. Agora coloque um X no local da linha onde você gostaria de estar. (Observação: este exercício pode produzir resultados diferentes em períodos distintos de sua vida.)
>
> 6. O segundo X está em um local diferente do primeiro? O que seria necessário para chegar lá? Que projetos ou atividades você poderia cortar de sua vida ou acrescentar a ela?

A importância de experimentar

Embora seja útil ter uma noção de quanta variedade você precisa em sua vida, pode ser difícil prever de quanto precisará em cada nova situação. Uma vez que a quantidade de variedade de que precisamos flutua e depende da natureza de nossos projetos individuais, é importante experimentar e refletir (você se sente entediado, sobrecarregado etc.?). Então, você pode adicionar ou subtrair projetos até chegar mais perto de um valor que pareça satisfatório.

Pontos-chave sobre a questão da variedade

- Um trabalho de aconselhamento profissional normalmente não reconhece a necessidade de variedade, embora seja um requisito essencial para multipotencialistas.
- Ter variedade suficiente significa alternar-se entre diferentes habilidades e projetos com uma frequência que pareça correta.
- A quantidade de variedade de que precisamos é

diferente para cada pessoa e flutua ao longo da vida.
- Quanto mais interdisciplinar for um projeto ou uma área, de menos atividades adicionais os multipotencialistas precisam para satisfazer sua necessidade de variedade.
- A experimentação é a grande questão. Preste atenção em como você se sente e, em seguida, adicione ou subtraia projetos até obter a quantidade de variedade que funcione bem para você.

DEFININDO O CENÁRIO GERAL

Como esse processo trata de criar o projeto de uma vida, e não apenas um projeto de carreira, é importante dar um passo para trás e perguntar não apenas qual é o nosso emprego ou carreira ideal, mas como é a nossa *vida* ideal. Somente quando tivermos uma base do que almejamos em uma escala maior, podemos começar a descobrir como fazer essa vida funcionar financeiramente. Vamos ter uma ideia de seus objetivos mais amplos e como sua carreira pode se encaixar nesse quebra-cabeça.

Como seria seu "dia perfeito"?

O exercício do dia perfeito é um clássico. Ele pode lhe dar pistas sobre a direção em que deve seguir. Também é uma ferramenta poderosa para ajudar a motivá-lo quando estiver no meio da inércia e precisar de inspiração.

1. Imagine-se acordando pela manhã. Como é o ambiente à sua volta? Quem está aí? O que você faz quando se levanta? O que faz em seguida? Continue a descrever seu dia até o momento em que fecha os olhos à noite.

2. Como você se sente ao longo do dia? Faça este exercício no tempo presente e realmente tente se colocar no lugar desse futuro "eu".

3. Como seu dia perfeito combina com alguns dos porquês que você descobriu antes?

Eu costumava ter problemas com este exercício porque conseguia imaginar vários dias perfeitos facilmente – vidas diferentes que eu gostaria de experimentar. Se isso for um problema para você, tente ser menos específico em relação a suas atividades diárias. Em vez de se visualizar criando enredos para um drama médico na sala de um escritor, imagine um período de tempo durante o qual você "tem ideias e faz um brainstorming com a equipe". Dessa maneira, você pode trocar para qualquer projeto criativo orientado para o

> grupo em que por acaso esteja trabalhando. Pode até inserir seus porquês nesses espaços. Outra opção é imaginar vários dias perfeitos. Se você tem um dia perfeito em que é um artista que mora em Nova York e outro em que é dono de um restaurante em uma charmosa vila espanhola, descreva os dois. Pegue seu dia perfeito e leia-o (ou acrescente a ele) sempre que precisar de um lembrete sobre o que você está construindo e como está avançando.

COMO OS MULTIPOTENCIALISTAS CONSEGUEM DINHEIRO, SIGNIFICADO E VARIEDADE

Depois de completar os exercícios deste capítulo, você deverá ter uma melhor noção do que está buscando em sua vida financeira, pessoal e espiritual. Obviamente, seus objetivos mudarão com o tempo, e você nunca deve se sentir preso a nenhuma de suas respostas, mas ter uma ideia geral do tipo de vida que deseja criar é um ponto de partida importante. Coloque suas respostas para esses exercícios em algum lugar seguro, porque voltaremos a eles ao longo dos próximos quatro capítulos.

Agora você pode seguir em frente e começar a definir as especificidades de sua vida profissional. Como exatamente você obterá o dinheiro, o significado e a variedade de que necessita? Que área(s) você precisa buscar profissionalmente? Onde suas habilidades atuais se encaixam nessa mistura? Para que tipo de organização você trabalhará — ou será autônomo? É hora de ser específico e começar a gerar algumas ideias de carreira que sejam compatíveis com sua mistura particular de habilidades e interesses.

PARTE 2

OS QUATRO MODELOS DE TRABALHO COM AS MULTIPOTENCIALIDADES

PARA CADA CABEÇA, UMA SENTENÇA

Embora não exista uma carreira única e ideal para os multipotencialistas, descobri que a maioria dos multipotencialistas felizes utiliza um dos quatro modelos de trabalho a seguir.

MODELO DE TRABALHO Nº 1: A ABORDAGEM DO ABRAÇO EM GRUPO

A Abordagem do Abraço em Grupo significa ter um trabalho ou negócio multifacetado que lhe permita dedicar-se a muitas atividades e alternar-se entre vários tipos de trabalho.
   Você:

- Ama projetos multidimensionais nos quais se envolve de muitas maneiras diferentes?
- Quer que "aquilo que você faz por dinheiro" reflita inteiramente quem você é (ou algo próximo disso)?
- Sente-se sobrecarregado quando tem muitos projetos desconectados uns dos outros?
- Prefere ter um senso de sincronicidade em seu trabalho, de maneira que, sempre que estiver se concentrando em determinada área, esse trabalho também contribua para algo maior?

Se você respondeu sim a duas ou mais dessas perguntas, preste muita atenção ao modelo de trabalho da Abordagem do Abraço em Grupo, que discutiremos no capítulo 4.

MODELO DE TRABALHO Nº 2: A ABORDAGEM DAS BARRAS

A Abordagem das Barras significa ter dois ou mais empregos e/ou negócios de meio período entre os quais você se alterna regularmente.

Você:

- Gosta de se alternar frequentemente entre assuntos bastante diferentes?
- Muitas vezes fica fascinado por assuntos específicos ou de nicho?

- Não se preocupa muito em combinar suas paixões a serviço de uma única entidade?
- Valoriza a liberdade e a flexibilidade mais do que a estabilidade?

Se você respondeu sim a duas ou mais dessas perguntas, provavelmente é um adotante de coração da Abordagem das Barras. O capítulo 5 será todo para você.

MODELO DE TRABALHO Nº 3: A ABORDAGEM DE EINSTEIN

A Abordagem de Einstein significa ter um emprego ou negócio em tempo integral que lhe dê total suporte, deixando-o com tempo e energia suficientes para que você possa perseguir suas paixões paralelas.

Você:

- Valoriza a estabilidade em vez da flexibilidade?
- Quer que seu trabalho remunerado seja agradável, mas não sente que ele deva ser tudo em sua vida?
- Encontra alegria e significado ao buscar suas muitas fascinações por diversão, como hobbies?
- Quer buscar algo que geralmente não está associado a um grande salário?[13]

Se você respondeu sim a duas ou mais dessas perguntas, leia mais sobre a Abordagem de Einstein no capítulo 6.

---

13 Leia-se: qualquer coisa em que as artes estejam envolvidas.

MODELO DE TRABALHO Nº 4: A ABORDAGEM DA FÊNIX

A Abordagem da Fênix é aquela adotada por quem trabalha em um único setor por vários meses ou anos e, em seguida, muda de marcha e inicia uma nova carreira em outra área.
Você:

- Ficou obcecado com algo por longos períodos?
- Descobriu que haviam se passado meses ou anos antes que você sentisse vontade de ir para uma nova área?
- Gosta de se aprofundar em assuntos específicos e muitas vezes é confundido com um especialista?
- Não precisa de muita variedade no seu cotidiano para ser feliz?

Se você respondeu sim a duas ou mais dessas perguntas, a fênix pode ser seu animal espiritual. Aprenda tudo sobre a Abordagem da Fênix no capítulo 7.

Discutiremos cada modelo de trabalho em profundidade nos próximos quatro capítulos. Conheceremos muitos multipotencialistas interessantes ao longo desse caminho e pensaremos com o que sua vida se pareceria caso adotasse cada uma dessas estruturas.

TUDO BEM SE VOCÊ MISTURAR E COMBINAR

Os quatro modelos de trabalho descritos neste livro oferecem muitas oportunidades de personalização e flexibilidade. No entanto, eu jamais ousaria pedir aos meus leitores multipotencialistas para *escolher uma única opção*! Misture e combine as quatro abordagens como quiser. Troque de modelo depois de alguns anos. Seja híbrido. É tudo de bom. Esses modelos de trabalho não pretendem restringi-lo. Eles simplesmente fornecem uma estrutura e um ponto de partida para que você possa entender suas muitas facetas e conceituar como elas podem ser traduzidas em uma carreira e uma vida gratificantes.

4

A ABORDAGEM DO ABRAÇO EM GRUPO

Imagine todos os seus interesses se unindo em um enorme abraço coletivo. Essa imagem pode parecer hilária, até mesmo chocante, mas vamos considerá-la metaforicamente. E se encontrar ou projetar uma carreira que reúna todos os seus interesses pudesse ser uma realidade? Surpresa! *A Abordagem do Abraço em Grupo significa ter um trabalho ou negócio multifacetado que permita que você possa se dedicar a muitas atividades no trabalho e vá mudando de área em área.* Com a Abordagem do Abraço em Grupo, você satisfaz suas necessidades em termos financeiros, de significado e de variedade com uma única carreira. A cereja do seu trabalho é a variedade, o que permite que ele pareça sempre novo e dinâmico mesmo ao longo do tempo.

Se você ama projetos multidimensionais nos quais é possível envolver-se em muitas funções diferentes e se deseja que "aquilo que faz por dinheiro" reflita tudo o que você é (ou algo parecido), então a Abordagem do Abraço em Grupo pode ser tudo o que você estava procurando.

MISTURANDO TODOS OS SEUS INTERESSES

Você pode *encontrar* ou *criar* uma carreira dentro da Abordagem do Abraço. Você pode buscar um trabalho interdisciplinar que seja compatível com seus interesses ou elaborar uma função ou negócio que lhe permita flexionar os diferentes músculos de sua personalidade e colocar todo o seu ser em funcionamento. Em ambos os casos, você juntará vários assuntos em uma única carreira por meio de um processo altamente científico que gosto de chamar de "misturinha". *A misturinha é exatamente o que parece: a combinação de entidades díspares.* Pode-se, por exemplo, mesclar interesses em ciência política, culinária, antropologia e educação para criar uma organização que ensina crianças sobre diferentes culturas por meio de aulas de culinária. Outra pessoa pode optar por se tornar um terapeuta musical porque essa é uma mistura de seus interesses em música e psicologia. Vamos dar uma olhada em cinco estratégias que os multipotencialistas utilizam para transformar seus interesses em carreiras dos sonhos sob a ótica da Abordagem do Abraço em Grupo.

ESTRATÉGIA Nº 1: TRABALHANDO EM UMA ÁREA NATURALMENTE INTERDISCIPLINAR

Existe uma área que coincida com todos os seus interesses? Trabalhar em uma área interdisciplinar requer que você compreenda diferentes setores e perspectivas[14]. Se o ajuste certo for encontrado, mesmo os multipotencialistas mais ávidos por variedade podem se sentir à vontade em uma única área.

Jimena Veloz é planejadora urbana, o que representa uma carreira em uma área naturalmente interdisciplinar. Ao longo de uma única semana, você pode encontrá-la: fazendo pesquisas, mapas, conduzindo visitas de campo, entrevistando pessoas, trabalhando com comunidades, elaborando relatórios, organizando eventos, planejando a implementação de novas políticas, criando, comunicando-se com o público, defendendo a aprovação de um projeto e avaliando outros já concluídos. Ela tem uma grande oportunidade de trabalhar com a teoria e a prática ao mesmo tempo. Jimena também atua em diversos contextos:

---

14 Já tratamos das áreas interdisciplinares (e minha afinidade com a produção de filmes) no capítulo 3, quando discutimos a necessidade de variedade.

Você pode ficar por dentro de seu setor, fazer pesquisas, pensar sem parar e discutir as questões com seus colegas. Mas, em seguida, você pode sair daquele ambiente para fazer um trabalho de campo. E a definição de "urbano" é tão ampla que você pode explorar uma série de áreas diferentes: habitação, transporte, meio ambiente, educação, artes, agricultura, economia, arquitetura, design, paisagística, política, história.

Curiosidade: há *muitos* arquitetos na comunidade multipotencialista. Fiquei surpresa na primeira vez que descobri esse padrão, mas, quanto mais penso no assunto, mais sentido tudo isso faz. A arquitetura é outra área naturalmente interdisciplinar. Ela une arte e ciência para fazer sua mágica, desde pequenas casas até a Golden Gate. É claro que existe um número quase ilimitado de áreas interdisciplinares. Aqui estão algumas: inteligência artificial, arteterapia, medicina integrativa, políticas ambientais, robótica, design de videogame, bioética e aconselhamento. Os multipotencialistas tendem a ser atraídos por áreas como essas e geralmente têm sucesso trabalhando nelas[15].

---

15 Para uma lista maior de áreas interdisciplinares, verifique o Apêndice B.

ESTRATÉGIA Nº 2: ONDE ESTÃO OS MULTIPOTENCIALISTAS?

Você já sentiu aquela fagulha de interesse por uma área ou outra apenas para perceber logo em seguida que provavelmente ficaria muito entediado com ela em alguns meses? Às vezes, uma área que não parece particularmente compatível com os multipotencialistas tem um ponto ideal oculto somente para nós. Se pesquisar um pouco, poderá encontrar uma especialidade interdisciplinar em torno da qual aqueles que buscam variedade e os multipotencialistas gravitam. Katy Mold estudou química medicinal na universidade. Quando a data da formatura começou a se aproximar, ela se viu lutando para definir uma especialização para si. A maioria de seus colegas já era especialista em algo, mas a ideia de se comprometer com um único aspecto da ciência parecia limitante para ela. Felizmente, Katy descobriu a comunicação científica, um subconjunto dentro da área de ciências que envolve a comunicação de ideias científicas para pessoas que não são especialistas. Em suas próprias palavras,

> As pessoas que trabalham com comunicação científica precisam de uma compreensão ampla, porém diferenciada, de todos os aspectos da ciência, a fim de adaptar como os cientistas falam para diferentes grupos demográficos sobre o mesmo assunto, mas em um nível compatível com o entendimento atual desse público. Elas precisam de habilidades fortes para falar

em público/performance, ter conhecimento da gestão do público, uma compreensão de diferentes estilos de aprendizagem, talento criativo e a capacidade de transmitir informações com paixão, muitas vezes com pouca ou nenhuma prática (ou seja, a capacidade de "improvisar"). O mundo da comunicação científica tem uma tendência maravilhosa a privilegiar projetos multidisciplinares. Ajudamos as pessoas a compreender conceitos científicos por meio de contextos inesperados e relacionáveis, e, como tal, as pessoas que se sentem atraídas para trabalhar nessa área tendem a ter interesses e influências múltiplos e variados. Estive envolvida em projetos que combinam artes/ciências, música/ciências, francês/teatro/ciências, programação/ciências e alimentos/ciências.

O que parece ser um nicho dentro da disciplina da ciência é, na verdade, um paraíso multifacetado para pessoas multipotencialistas. Isso acontece com mais frequência do que você imagina, motivo pelo qual muitas vezes deixamos de reconhecer os multipotencialistas quando olhamos para as pessoas em nossa vida. Se você está indo atrás de uma área que não lhe parece "misturável" o suficiente (também conhecida como "aquilo que pode matá-lo por falta de variedade"), talvez seja necessário pesquisar um pouco mais. É possível que haja uma especialidade ou escola de pensamento dentro da área que ressoe totalmente com sua natureza eclética.

A educação é uma disciplina ampla, na qual professores desempenham muitas funções diárias. Constantemente, esses professores vão do cargo de conselheiro para os de facilitador e líder. Precisam ser capazes de lidar com diferentes estilos de aprendizagem, negociar diferenças culturais e ocupar-se com questões sociais ou emocionais de seus alunos. Administrar uma sala de aula com eficácia é como administrar um pequeno país — algo bastante notável!

Algumas pessoas acreditam que ser professor, por si só, lhes traz variedade suficiente na vida. Outras só precisam de algo a mais. Sara Meister é professora do ensino fundamental em uma escola Waldorf. A metodologia educacional Waldorf é única, baseada nos ensinamentos do filósofo austríaco Rudolf Steiner. Quando questionada sobre como é um típico dia escolar em sua sala de aula, Sara explica assim:

> A principal ação curricular do dia é a chamada Lição Principal. Trata-se de um bloco de estudos inicial de duas horas, feito de segunda a sexta-feira. Começa com um círculo matinal — composto por movimento corporal, jogos, versos, canções, uso de flauta doce, aliterações, jogos com movimento, modelagem, desenhos de pessoas, matemática mental, ortografia etc. Em seguida, a lição do dia anterior é revisada oralmente ou por meio de alguma atividade. Depois, contamos uma história com o conteúdo daquele novo dia. Por último, as crianças trabalham com a lição do dia anterior ou com a lição do dia de maneira criativa. Tudo isso pode parecer um grupo criando uma peça, pintando um quadro, escrevendo um resumo ou modelando um mapa da África com argila. A ênfase se dá na aprendizagem prática e exploratória. O professor é aquele que traz "o mundo" até os alunos por meio das aulas. Ele enfatiza a verdade, a beleza e a bondade. (O pensamento crítico começa a ser trabalhado nos anos finais do ensino fundamental.)

Ao longo do ensino fundamental, o professor de uma escola Waldorf ensina quase todas as matérias a uma única turma. Isso lhe dá a oportunidade de fazer analogias entre o que está sendo estudado em diferentes disciplinas. Em uma escola ocidental tradicional, as disciplinas são mantidas separadas e distintas[16]. O aluno de uma escola norte-americana típica tem uma aula de inglês, depois de 45 minutos vai para a aula de ciências, depois segue para a aula de educação física e assim por diante. Os professores de uma escola Waldorf passam o dia com seus alunos e vão "subindo de série" conforme sua turma vai avançando. Um professor começa a lecionar na primeira série e, quando os alunos passam para a segunda, ele também ensina o material dessa etapa. No ano seguinte, trabalha com a mesma turma na terceira série e assim por diante até que os alunos concluam a oitava série.

Sara escolheu se tornar uma professora Waldorf por várias razões, mas seu principal privilégio é desfrutar de uma grande variedade de trabalhos e de bastante criatividade em sua vida profissional. Ela se sente encorajada a integrar tudo isso porque é apaixonada por sua prática docente e é capaz de alternar-se entre suas paixões mais livremente do que o faria em uma escola convencional. Como Sara leciona muitas matérias a um único grupo de alunos, consegue ilustrar as conexões entre ideias aparentemente díspares. Por ensinar a seus alunos uma infinidade de assuntos ao longo de oito anos, ela não precisa repetir o mesmo mate-

---

[16] Curiosidade: na Finlândia, o sistema educacional acabou de ser reformado, substituindo o currículo baseado em disciplinas por um modelo interdisciplinar!

rial ano após ano. Seu trabalho continua atual e envolvente. Buscar pontos de intersecção interessantes e interdisciplinares é um dos muitos movimentos de carreira que os multipotencialistas espertos fazem. Sara é uma dessas muitas multipotencialistas sagazes. Às vezes, você só precisa encontrar sua turma.

ESTRATÉGIA N° 3: TRABALHANDO PARA UMA EMPRESA MENTE ABERTA

Outra maneira de estabelecer uma carreira que faça parte da Abordagem do Abraço em Grupo é encontrar um empregador com visão de futuro que valorize suas ideias e queira contar com seus pontos fortes. Embora a maioria dos anúncios de emprego ainda seja bastante especializada (o que pode ser desanimador para os multipotencialistas), há uma mudança emocionante vindo pela frente. Cada vez mais empresas estão abrindo os olhos para o valor dos talentosos generalistas. Isso se deve em parte à mudança no cenário dos negócios; pequenas empresas e *startups* tendem a ter a mente mais aberta do que grandes organizações, tanto em termos de ideologia quanto de estrutura. É menos provável que um funcionário ouça "Não fazemos as coisas desse jeito aqui" em uma empresa pequena. As *startups* muitas vezes dependem de pessoas que podem assumir uma variedade de responsabilidades, pois elas não têm orçamento ou infraestrutura para contratar uma pessoa diferente para cada função. É claro que isso não se aplica a todas as *startups*, assim como há muitas empresas maiores que buscam mentes criativas para ajudá-las a permanecer na vanguarda mesmo com uma economia em constante mudança.

Quer saber se uma empresa é favorável aos multipotencialistas? Muitas vezes você pode descobrir ao verificar seu material e seus projetos de marketing, pesquisando sobre seu CEO ou até mesmo observando a linguagem do próprio anúncio de emprego. A Threadless é uma popular loja de roupas on-line. Artistas de todo o mundo enviam projetos e a comunidade vota em seus favoritos. Os designs vencedores são impressos em camisetas e moletons vendidos em seu site. A Threadless é conhecida por seu espírito lúdico, e seus anúncios de emprego gritam à procura de multipotencialistas. Aqui está a lista de tarefas e qualificações anunciadas para uma vaga de diretor de criação:

- Gerenciar e motivar uma equipe multidisciplinar de designers, produtores, fotógrafos, *videomakers* e redatores.

- Contribuir para a estratégia e visão do produto (não apenas "como deve ser/funcionar", mas "o que devemos construir e por quê").

- Trabalhar em estreita colaboração com nossas equipes de produto, comunidade, marketing, digital e parcerias para supervisionar a experiência do usuário de um produto desde a concepção até o lançamento (e também o que vier depois do lançamento).

- Dispor-se a sair da sua zona de conforto e aprender coisas novas, desde a concepção de um estande em uma feira de negócios até a criação de uma sinalização para fazer um vídeo em um prédio.

- Ter fortes habilidades de organização, com capacidade para conciliar vários projetos e cronogramas.

Você não adoraria começar a trabalhar para eles agora mesmo? A descrição da vaga deixa claro que eles procuram alguém que possa atuar com grandes equipes em diferentes departamentos, sair de sua zona de conforto, assumir desafios, aprender novas habilidades e lidar com vários projetos. Eles até usam palavras como interdisciplinaridade e expressam o desejo de ouvir suas ideias e comentários sobre como a empresa está sendo gerida. Para simplificar, um especialista não seria capaz de preencher essa vaga[17].

ESTRATÉGIA Nº 4: COMO TORNAR UM TRABALHO JÁ EXISTENTE MAIS PLURAL

Sim, é maravilhoso ser contratado por uma empresa que reconhece e valoriza seus vários talentos. No entanto, o que

---
17 Lamentamos informar que essa vaga não está mais disponível. Fiquei bastante tentada a me candidatar.

você deve fazer se já estiver em uma que parece não se importar muito com suas várias habilidades? Nem todos os empregadores verão com bons olhos quando você extrapolar o que estiver escrito na descrição do seu cargo. Entretanto, alguns deles podem ser convencidos de que isso é bom, desde que você aborde a questão da maneira certa.

Os multipotencialistas geralmente utilizam um conjunto específico de habilidades quando tentam entrar em uma empresa. Depois de terem feito seu trabalho por um tempo e provado seu valor, eles persuadem seus empregadores a deixá-los assumir mais responsabilidades e a mudar de focos. A artista de mídias digitais Margaux Yiu foi contratada originalmente para compilar apresentações multimídia. Entretanto, ao longo de quinze anos, ela assumiu uma série de outras funções no trabalho. Além de gerenciar o site da empresa, ela já liderou a equipe de design de *front-end*, atuou como fotógrafa e *videomaker*-chefe, treinou colegas de trabalho em processos de mídia e ocupou outros cargos, como editora de vídeo e gerente de conteúdo. Como ela conseguiu o bilhete dourado para fazer tantas coisas diferentes ao longo dos anos? Ela presta atenção nas lacunas do negócio — algo que eles estejam negligenciando ou fazendo errado — e propõe soluções. Quando queria liderar o departamento de desenvolvimento web, Margaux explicou ao chefe como seria importante uma presença forte na web (isso nos anos 90). Quando a empresa começou a filmar material para o seu site, veio a chance de ela tornar-se a videomaker-chefe. Por conta de sua formação em fotografia e a falta de experiência dos colegas nessa área, Margaux foi capaz de tomar a frente e liderar a equipe, treinando-a em questões como iluminação básica e técnicas de câmera.

A melhor maneira de obter permissão para incorporar seus outros interesses ao trabalho *é enfatizar o valor que você vai agregar à empresa*. Em vez de começar a exibir sua maravilhosa gama de habilidades, diga como esse projeto específico beneficiará a empresa. Mostre uma imagem do incrível resultado final que você vai apresentar. (E, ei, se você *tiver que* usar suas habilidades de escrita/matemática/animação/sapateado para obter esse resultado, faça-o!) Ao se aproximar de seu empregador, Margaux não disse "Estou realmente interessada em aprender HTML. Eeeee eu tenho formação em fotografia. Ah, também adoro edição de vídeo. Posso me encarregar dessa parte?". Em vez disso, ela explicou como seria importante para os resultados financeiros da empresa ter um bom site e vídeos mais profissionais.

Jesse Waldman foi contratado para trabalhar em uma pequena empresa de varejo de plantas. Depois de algumas semanas, ele abordou a proprietária e mostrou como eles poderiam vender as mercadorias on-line, usando habilidades que ele havia adquirido a partir de um interesse externo em e-commerce. Jesse ficou imediatamente encarregado de desenvolver a loja on-line da empresa (e recebeu um aumento por isso). Como Margaux, Jesse não mencionou casualmente que ele sabia muito sobre carrinhos de compras virtuais. Em vez disso, ele explicou o impacto que uma loja on-line teria nos lucros e como seria fácil configurá-la e mantê-la.

Se você quiser integrar habilidades específicas ao seu trabalho, tente criar algumas iniciativas que lhe permitirão utilizar esses talentos ao mesmo tempo em que ajuda a empresa a crescer ou a funcionar de maneira mais tranquila. Quando apresentar seu projeto, foque na empresa.

Construa seu plano voltado aos interesses *dela*. Com o que a empresa se importa? Como esse projeto vai agregar valor para ela?

ESTRATÉGIA Nº 5: COMEÇANDO UM NEGÓCIO

A maneira mais fácil de trabalhar para um chefe que permite que você desempenhe muitas funções é ser seu próprio chefe. Existem poucas carreiras mais multifacetadas do que o empreendedorismo. Administrar um negócio significa desenvolver o produto, fazer marketing, cuidar das vendas, saber um pouco de psicologia, entender sobre marcas, relações com o cliente, estruturas internas, direito e finanças. Você não precisa ser especialista em cada uma dessas áreas para começar um negócio (a maioria de nós vai descobrindo tudo isso à medida que avança), mas você *precisa* ter uma propensão intensa para aprender, experimentar e fazer um pouco (ou muito) de tudo, principalmente no início.

Enquanto eu crescia, ninguém nunca me disse que começar um negócio era uma possibilidade. Eu nem sabia o que era ser empreendedor até meus vinte anos. Provavelmente presumi que a palavra se referia a algum empresário de terno e, como uma adolescente deprimida chegada ao punk rock e à introspecção, não tinha interesse algum nessas coisas. Certamente não me considerava uma empresária quando comecei a marcar shows para minha banda ou criar sites para meus amigos artistas por algumas centenas de dólares (ou, às vezes, em troca de um abraço e alguns cookies de chocolate). Mas eu era exatamente isso.

Não deixe que a palavra *empreendedor* desanime você. Existem muitos tipos diferentes de negócio, que vão desde aqueles financiados por investidores em grande escala (como você pode ver no programa de televisão *Shark Tank*) a um restaurante indiano familiar de rua, ao coletivo on-line de venda de materiais impressos radicais, leituras de tarô e sabonetes artesanais. Ao final deste capítulo, você terá uma ideia do que empreendedores multipotencialistas podem fazer. E você vai querer começar um negócio. Ou cinco.

O negócio renascentista

Então, eis que o empreendedorismo pode parecer a solução. No entanto, há um obstáculo particular para os multipotencialistas. Da mesma maneira que uma área muito ampla pode não ser interdisciplinar o suficiente para determinado indivíduo, o empreendedorismo, embora apresente muitos ângulos, pode também parecer um caminho reto e limitado. Isso pode ficar ainda mais evidente se o seu negócio for altamente especializado. Talvez você adore cozinhar, mas ficará entediado depois de alguns anos administrando uma empresa de buffet. Você pode ser um ótimo gerente de mídias sociais, mas fica frustrado e deseja explorar coisas novas depois de trabalhar com clientes em suas campanhas dia após dia. Felizmente, existe um tipo mais amplo de negócio — aquele que lhe permite alternar-se entre os mais diversos assuntos com regularidade. Chamo isso de negócio renascentista, e talvez você compreenda melhor esse conceito por meio de exemplos.

Mark Powers não é um baterista típico. Em vez de obter sua renda por meio de alguma combinação entre fazer apresentações e dar aulas, como muitos músicos profissionais fazem, Mark misturou algumas de suas outras paixões: tecnologia, antropologia, filantropia, palestras e viagens. O negócio resultante de tudo isso lhe deu várias maneiras de exercer sua criatividade (e várias fontes de renda). Mark dá aulas de percussão, não apenas presenciais, mas também on-line, pelo Skype. Como o alcance de seu negócio estende-se para além de sua localização física, ele pode trabalhar com alunos do mundo todo. Em 2011, Mark foi a Uganda para gravar coros de jovens e músicos de vilas locais. Ele vende o álbum que foi resultado dessa experiência, *Amaloboozi* (que significa "vozes" na língua luganda), em seu site e envia os lucros para organizações que fazem trabalho humanitário nessas regiões.

Como as aulas e a filantropia internacional não são suficientes, Mark também cria e vende guias digitais para percussionistas e professores. Ele passa muito tempo escrevendo e recentemente lançou um livro infantil chamado *I Want to Be a Drummer!* [*Quero Ser um Baterista!*]. Mark dá workshops em escolas, centros comunitários e ambientes corporativos, e já sediou eventos do TEDx. É claro que ele ainda se apresenta ao vivo com vários músicos. Enquanto um não multipotencialista pode achar esse estilo de vida esmagador, Mark o adora. Seu negócio renascentista permite que ele leve uma vida rica e dinâmica, na qual é pago para ser ele mesmo.

A Marketing for Hippies oferece treinamento de marketing para pequenas empresas conscientes, ecológicas e holísticas, e é outro exemplo especial de um negócio renascentista. Tad Hargrave concebeu essa maravilha misturando dois de seus fascínios: ativismo e marketing. Veja a biografia de Tad e tente me dizer se este não é o Abraço em Grupo ideal para ele:

Tad Hargrave é um hippie que desenvolveu um talento especial para o marketing (e depois aprendeu a ser hippie novamente). Apesar de estar há anos no mundo dos negócios sem fins lucrativos e do ativismo, ele finalmente teve que admitir que era um nerd de marketing e, por fim, tornou-se um treinador de marketing para hippies. Talvez porque ele não suportasse mais ver seus amigos hippies sofrendo para promover seus projetos incríveis, verdes e holísticos. Talvez porque ele não tenha conseguido manter um emprego das nove às cinco para salvar sua vida.

Tad é a pessoa perfeita para ensinar marketing a empreendedores escrupulosos, pois tem experiência nas duas áreas. Ele pode traduzir os princípios de marketing, que normalmente não atraem esse público, de uma maneira que pareça ética e compreensível para os hippies. O histórico eclético de Tad não apenas torna a Marketing for Hippies possível, mas também permite que ele se destaque entre as milhares de outras empresas no planeta que oferecem treinamento de marketing.

Veja mais alguns exemplos de negócios renascentistas:

- Pielab: café e espaço comunitário localizado em Greensboro, no Alabama, que oferece conserto de bicicletas e estágios de serviço de buffet. O slogan deles é *Tortas + Conversas = Mudanças Sociais*.
- Mothership HackerMoms: o primeiro *hackerspace* feminino do mundo. Localizado em Berkeley, na Califórnia, oferece creche no local, bem como um espaço de trabalho, criação e colaboração para pais.

- The Laundromat Café: trata-se de uma combinação de café aconchegante, lavanderia e livraria em Copenhagen, na Dinamarca. Lavanderias-cafés híbridas semelhantes começaram a surgir nos Estados Unidos recentemente.
- Meshu: joalheria de inspiração geográfica. Os clientes fazem um pedido enviando localizações geográficas significativas para eles. A equipe Meshu traça um caminho entre os locais, criando colares, brincos, abotoaduras ou anéis usando essa forma.
- Abe Cajudo: o "Humano Criativo com Serviço Completo" (em abecajudo.com) ajuda empresas e marcas a se destacarem por meio de narrativas multimídia de alto impacto. Isso pode assumir a forma de desenvolvimento web, design gráfico, produção de vídeo, consultoria para lançar projeto no Kickstarter ou criação de cursos on-line.

Às vezes, os negócios renascentistas são percebidos como algo muito especializado, de nicho. Mas tente imaginar uma pessoa que utiliza suas experiências anteriores em finanças pessoais, aconselhamento e direitos LGBTQ para ajudar casais do mesmo sexo a administrar seu dinheiro. Essa oferta altamente específica envolve uma compreensão e uma mudança entre vários domínios e maneiras de pensar. Em sua especificidade, ela contém multidões.

Muitas vezes sou confrontada com o equívoco de que misturar vários assuntos em um único negócio tornará a marca confusa e desfocada. Mas os negócios renascentistas podem ser extremamente lucrativos e atrair uma comunidade/base de clientes apaixonados, por conseguir destacar as filosofias exclusivas dessas pessoas. A solução é tornar as relações entre os assuntos e as ofertas bastante claras. Se você sabe onde sua empresa se encaixa e comunica isso ao seu público objetivamente, você está no caminho certo.

MISTURAR OU NÃO MISTURAR, EIS A QUESTÃO

Começar seu próprio negócio não requer que você integre todos os seus interesses. Lembre-se de nosso objetivo: você almeja um senso geral de variedade em sua vida. Essa variedade pode ser alcançada internamente — em um trabalho ou negócio multifacetado — ou externamente, combinando-se dois ou mais negócios, empregos ou hobbies diferentes. No próximo capítulo, você conhecerá empreendedores multipotencialistas que administram vários negócios. Você decide se vai unir suas paixões ou mantê-las separadas. Ambas as abordagens podem funcionar. A decisão é realmente uma questão de preferência.

EXPLORANDO SEUS INTERESSES FORA DO TRABALHO

Embora um trabalho dentro da Abordagem do Abraço em Grupo seja mais interdisciplinar do que um comum, muitos multipotencialistas ainda têm hobbies fora do ambiente profissional. Margaux faz trabalho voluntário como tutora de alunos do ensino médio. É uma fotógrafa apaixonada. Quando conversei com ela, estava fascinada em criar e desconstruir livros pop-up. Quando Sara não está dando aula ou fazendo o planejamento, ela lida com jardinagem, cozinha e pratica ioga.

É difícil encontrar uma carreira que englobe *todas* as suas paixões, mas conseguir um emprego que lhe permita explorar *muitas* delas enquanto se é pago para isso é maravilhoso. Você não deve, entretanto, sentir que precisa encaixar absolutamente tudo em seu trabalho remunerado. Conforme discutimos antes, não há nada de errado em se envolver com um interesse ou atividade apenas para sua diversão, no seu próprio tempo.

Experimentando a Abordagem do Abraço em Grupo

Agora que você já explorou a Abordagem do Abraço em Grupo, vamos ver como esses interesses se encaixam nessa estrutura. Chegou a hora de gerar algumas ideias "misturentas" para sua carreira, então pegue papel e caneta e vamos fazer um brainstorming!

CRIE SUA LISTA MESTRA DE INTERESSES

No papel, escreva interesses, paixões, habilidades e curiosidades, do passado e atuais, que você possa imaginar. Não se censure. Não importa se você não estiver envolvido na atividade ou se seu interesse é muito novo ou passageiro. Ao completar exercícios como estes, temos a tendência de desacreditar em nossas realizações, então tente seguir esta regra: se em algum momento, durante este exercício, você se perguntar se deve ou não incluir algo, inclua-o.

REFINE SUA LISTA

Risque seus interesses "mortos" – os itens da sua lista com os quais você não deseja lidar novamente tão cedo. Marque com uma estrela os itens que lhe parecem especialmente interessantes neste momento.

CRIE SUBGRUPOS

Presumivelmente, alguns dos interesses de sua lista principal encaixam-se de modo mais natural do que outros. Em uma nova página, agrupe esses interesses semelhantes e dê-lhes um nome. Por exemplo, caminhadas, ciclismo e acampamento podem ser agrupados em "Aventura ao ar livre". Fotografia, desenho, gravura e guitarra podem ser classificados como "Arte" ou "Expressão criativa". Estudos internacionais, viagens e ativismo podem se enquadrar em "Política" ou "Justiça social". Não se preocupe em criar títulos geniais. Seus nomes de grupo e subgrupo não precisam ser perfeitos para que este exercício seja útil.

FAÇA PARES DE SEUS SUBGRUPOS E INTERESSES INDIVIDUAIS
O que você encontraria nas interseções dos vários itens e subgrupos de sua lista? Está tudo bem se seus interesses não parecerem relacionados. Junte-os mesmo assim e veja os tipos de ideia de carreira engenhosas/hilariantes que podem surgir. Economia antropológica? Ecologia musical? Por que não?

HÁ ALGUNS CAMPOS PREEXISTENTES NESSAS INTERSEÇÕES?
Pesquise seus pares para verificar se existem disciplinas nesses cruzamentos. Por exemplo: inteligência artificial, conforme mencionado anteriormente, é uma mistura de psicologia, filosofia, tecnologia, neurociência, ciências da computação, matemática, robótica, reconhecimento de padrões, aprendizado de máquina e percepção visual. A produção de filmes envolve contar histórias, escrever, fotografia, design, música, planejamento e assim por diante. A bioética é um campo na interseção entre saúde, política, direito e filosofia.

ONDE, EM CADA ÁREA, ESTÃO OS MULTIPOTENCIALISTAS?
Para cada um de seus subgrupos, faça uma pesquisa e verifique se há alguma especialidade interdisciplinar naquela área. Por exemplo: o design de roupas funcionais é um ramo do design que combina design, arte, biologia, química, engenharia e ciências sociais. Envolve a confecção de roupas que servem a um propósito, desde ajudar pessoas com deficiências físicas até manter os astronautas seguros no espaço.

PROCURE EMPRESAS QUE PENSAM NO FUTURO

Você conhece alguma empresa que tem a fama de tratar bem seus funcionários e lhes dar bastante liberdade? Faça uma pesquisa e veja o que descobre. Fique atento às palavras que remetem a pessoas com multipotencialidades, como *criativo, interdisciplinar* e *adaptável*.

CRIE ALGUMAS IDEIAS DE NEGÓCIOS RENASCENTISTAS

Que ideias de negócios permitiriam combinar alguns de seus interesses? Por exemplo: uma cafeteria que funciona como um espaço de coworking; um consultório holístico.

VOCÊ PODE TRAZER CONHECIMENTOS OU HABILIDADES DE UM INTERESSE PARA UM PÚBLICO RELACIONADO A UM SEGUNDO INTERESSE SEU?

Você pode se surpreender ao descobrir que suas habilidades em uma área podem ser realmente úteis para um grupo totalmente diferente. Tente preencher os espaços em branco:

_____ PARA _____
(INTERESSE n° 1)   (PÚBLICO RELACIONADO
                      AO INTERESSE n° 2)

Adoro os pares absurdos que resultam deste exercício, como "mergulho para fãs de história" ou "aulas de improvisação para equipes corporativas". Fico ainda mais feliz porque esses dois serviços existem na vida real. Você provavelmente vai chegar a alguns pares que talvez não funcionem, mas não desista de uma ideia de negócio imediatamente apenas por ela soar um pouco incomum. Seus conhecimentos sobre investimentos seriam úteis para organizações sem fins lucrativos? Você poderia utilizar suas noções de programação para criar um aplicativo de agendamento on-line para professores de música?

JUNTAR AS PEÇAS

Em uma outra folha de papel, faça uma lista de todas as ideias "misturentas" de carreira e negócios que você gerou ao longo destes exercícios.

VERIFICAÇÃO CRUZADA DE SIGNIFICADO, DINHEIRO E VARIEDADE

Compare cada uma das ideias de carreira que você gerou com suas respostas dos exercícios no capítulo 3. Para cada carreira, faça as seguintes perguntas:

• Esta carreira está de acordo com um ou mais dos meus porquês?

• Existe um público que pagaria pelo serviço que esta carreira oferece?

• Esta carreira me proporcionaria variedade suficiente (mas não muita)?

• Esta carreira é compatível com o meu dia perfeito?

Obviamente, é difícil adivinhar o salário pago por determinado trabalho ou a lucratividade de uma ideia de negócio. Se uma carreira não parece se encaixar na estrutura do seu dia perfeito ou se alinhar facilmente com seus porquês, isso não significa que você deve descartá-la imediatamente. Você pode se surpreender ao ver como isso parece certo na prática. E é perfeitamente possível que sua noção do dia perfeito mude.

Eis o atrito entre conhecer a si mesmo/planejar, de um lado, e a sabedoria experiencial, de outro. É possível ter muitas pistas fazendo um exercício teórico. Mas você nunca saberá realmente se uma carreira é uma boa opção até começar a explorá-la. Se você realmente se sente chamado por uma ou mais carreiras em sua lista, só isso já é motivo suficiente para investigá-las mais a fundo. Mas tenha essas questões em mente enquanto faz a experiência e volte a elas quando tiver mais informações e estiver em uma posição melhor para respondê-las com precisão.

COMEÇANDO A AGIR

Se está animado para seguir uma carreira da Abordagem do Abraço em Grupo, escolha de uma a três pequenas ações que você pode realizar nesta semana, apenas para começar. Elas são pessoais e dependem da sua situação e da natureza de suas ideias, mas aqui estão alguns exemplos:

- Entre em contato com alguém que trabalhe em uma das áreas ou especialidades interdisciplinares que você identificou e verifique se pode responder a algumas de suas perguntas.

- Comece a escrever uma carta de apresentação para uma das empresas que você descobriu que podem ser interessantes para multipotencialistas.

- Pesquise uma de suas ideias de negócios renascentistas. Existe um público para esse produto ou serviço?

PONTOS-CHAVE DESTE CAPÍTULO

A Abordagem do Abraço em Grupo permite que você tenha todas as suas necessidades em termos financeiros, de significado e de variedade atendidas em uma única carreira. Eis os pontos-chave que examinamos neste capítulo:

- A Abordagem do Abraço em Grupo significa ter um trabalho ou negócio multifacetado que lhe permita ter várias atividades e alternar-se entre diversos domínios no ambiente profissional.
- É possível utilizar várias estratégias para encontrar ou criar uma carreira de acordo com a Abordagem do Abraço em Grupo: você pode trabalhar em um

setor naturalmente interdisciplinar, buscar um nicho multifacetado dentro de uma área, atuar em uma empresa com visão de futuro, ser proativo e fazer com que um trabalho restrito seja mais plural ou começar um novo negócio.

- Áreas interdisciplinares, como planejamento urbano e inteligência artificial, requerem um entendimento de muitas disciplinas e perspectivas. Os multipotencialistas tendem a ser atraídos por esses setores e a obter sucesso neles.
- Frequentemente, há especialidades interdisciplinares dentro de áreas estreitas nas quais os multipotencialistas gravitam.
- Algumas empresas são compostas por multipotencialistas e procuram ativamente outros generalistas para se juntar à equipe. Preste atenção na linguagem dos anúncios de empregos e procure palavras como *criativo*, *interdisciplinar*, *adaptável*.
- Às vezes, os multipotencialistas conseguem entrar em uma empresa porque enfatizaram um único conjunto de habilidades. Depois de deslumbrarem seu empregador com seu excelente trabalho, eles o convencem a deixá-los assumir responsabilidades adicionais. Eles fazem isso salientando o valor que o projeto proposto trará para a empresa.
- O empreendedorismo é uma solução natural para os multipotencialistas porque a gestão de uma empresa tem muitas facetas, desde o desenvolvimento de produtos até vendas, marketing, design e assim por diante.

Entretanto, administrar uma empresa nem sempre oferece variedade suficiente para os multipotencialistas, sobretudo se ela for altamente especializada. Portanto, algumas pessoas optam por criar um negócio renascentista: aquele em que vários assuntos são integrados.

5

A ABORDAGEM DAS BARRAS

Morgan Siem leva uma vida tripla. Ela trabalha dez horas por semana em uma organização sem fins lucrativos chamada Human Kindness Foundation, que envia livros de meditação e atenção plena a pessoas encarceradas que os solicitam. Dois dias por semana, Morgan faz trabalhos de marketing freelance, carreira para a qual fez transição depois de deixar um emprego no setor de publicidade há alguns anos. Morgan também faz acrobacia aérea e ocasionalmente é contratada para apresentações[18]. Essas três fontes de receita radicalmente diferentes combinam-se para fazer de Morgan uma pessoa que atua no setor de organizações sem fins lucrativos/marketing/artista autônoma. Está vendo todas essas barras?

A Abordagem das Barras, também conhecida como "carreira de portfólio", consiste em ter dois ou mais empregos

---

18 Se você não estiver familiarizado com o conceito de acrobacia aérea, imagine alguém escalando, fazendo acrobacias e girando preso em um tecido de seda gigante pendurado!

de meio período e/ou negócios entre os quais você alterna--se regularmente. Ao contrário do modelo de trabalho da Abordagem do Abraço em Grupo, em que suas paixões são combinadas em um único empreendimento, aqui elas permanecem separadas e distintas. Você é guia turístico *barra* professor de ioga *barra* programador *barra* artista têxtil, ou professor *barra* advogado *barra* coreógrafo. Como um multipotencialista que utiliza esse modelo de trabalho, você normalmente terá de dois a cinco projetos de uma vez, cada um deles fornecendo diferentes níveis em termos de renda e significado para que haja um equilíbrio geral. Você atende às suas necessidades de variedade sem trabalhar em uma área interdisciplinar (embora isso às vezes também aconteça), mas percorrendo alguns domínios díspares.

ADOTANDO UMA CARREIRA DA ABORDAGEM DAS BARRAS POR ESCOLHA PRÓPRIA

No capítulo 3, falamos sobre a importância de garantir que suas necessidades de sobrevivência sejam atendidas ao mesmo tempo em que você constrói uma carreira mais alinhada com sua natureza multipotencialista. Especialmente à luz da maneira como as economias vêm mudando, tanto multipotencialistas quanto não multipotencialistas por vezes combinam vários empregos de meio período para poderem pagar suas contas. Para a maioria dessas pessoas, essa é uma medida temporária até descobrir um cenário com melhor remuneração. Mas isso pode realmente se parecer muito com a Abordagem das Barras!

Nosso objetivo aqui não é que você construa uma carreira que simplesmente o mantenha sobrevivendo. Lembre-se dos três elementos de uma vida feliz com múltiplas potencialidades: dinheiro, variedade e *significado*. Uma carreira da Abordagem das Barras é, por definição, intencional. É óbvio que sempre haverá um elemento de necessidade financeira implícito em qualquer escolha de trabalho, mas as pessoas felizes que adotam a Abordagem das Barras não são forçadas a viver essa estrutura por necessidade. Como explica a autora e empresária Penelope Trunk:

> Uma carreira de portfólio não é a mesma coisa que manter três empregos ruins e desejar descobrir o que fazer consigo mesmo. Em vez disso, é um esquema que você busca, proposital e positivamente, como uma forma de atingir uma mistura de objetivos financeiros e pessoais.

Muitas vezes, chegamos à Abordagem das Barras por meio de circunstâncias mentais ou emocionais (e não apenas por motivos financeiros). Morgan escolheu adotar o modelo de trabalho da Abordagem das Barras depois de quase ter uma crise de esgotamento em seu emprego de tempo integral. Ela gostava de seu trabalho no passado, mas todo aquele tempo lá estava começando a prejudicar sua saúde. Abandonar seu emprego de tempo integral para abraçar vários outros de meio período não apenas reduziu seu estresse, mas deu a ela o senso de propósito, liberdade e variedade que tanto desejava.

PESSOAS QUE ADOTAM A ABORDAGEM DAS BARRAS TENDEM A SER EMPREGADOS/AUTÔNOMOS

À medida que formos explorando a dinâmica da Abordagem das Barras, você conhecerá multipotencialistas com vários empregos de meio período, que possuem alguns negócios diferentes, artistas que trabalham em mais de um meio e várias combinações disso tudo. Você perceberá que muitos adotantes da Abordagem das Barras[19] são empregados de alguma empresa e ao mesmo tempo autônomos — eles misturam suas fontes de renda e suas atividades de trabalho. Para simplificar, utilizei a palavra *barra* para me referir a qualquer tipo de fluxo de receita, seja um emprego, um negócio, trabalho freelance ou outro tipo de projeto[20].

---

19 Não se assuste!

20 Reconheço a imprecisão semântica de usar a palavra *barra* dessa maneira. Percebo que a barra é o que existe *entre* duas palavras, e não as palavras em si. No entanto, fica muito mais fácil referir-se aos fluxos de receita que compõem a carreira em barras como *barras*. E, de qualquer maneira, Marci Alboher já o fez primeiro em seu grande livro *One Person/Multiple Careers*. Então é isso o que vamos fazer aqui também. Minhas desculpas aos nerds gramaticais (incluindo minha esposa). Você é a melhor.

A ABORDAGEM DAS BARRAS É A MELHOR PARA VOCÊ?

Você trabalha melhor quando se alterna com frequência entre assuntos diferentes? Você tem uma paixão louca por um tema especializado ou de nicho, mas se sente preso pela simples ideia de se comprometer em tempo integral? O projeto de combinar suas paixões ou habilidades a serviço de uma única entidade[21] não serve para você? Se respondeu qualquer uma das perguntas anteriores com um "Sim!", um "Mas é claro que sim!" ou um "Aleluia!", pode ser que você tenha carreiras da Abordagem das Barras em seu futuro. Esse modelo de trabalho oferece muita flexibilidade, o que pode ser uma bênção ou uma maldição. É uma boa opção para quem é autodidata e tem espírito independente ou empreendedor.

Lembra-se do capítulo 1, quando vimos o espectro entre o sequencial e o simultâneo? Alguns de nós têm a constituição para fazer um milhão de coisas ao mesmo tempo, e outros gostam de se concentrar em um número menor de atividades de cada vez. As pessoas que adotam a Abordagem das Barras precisam equilibrar e conciliar diferentes fontes de receita em sua vida cotidiana. Portanto, caso você se encontre mais próximo do simultâneo no espectro, adotar a

---

[21] Como um trabalho da Abordagem do Abraço em Grupo ou dos negócios renascentistas, que já vimos no capítulo 4.

Abordagem das Barras pode ser uma boa opção. No entanto, se você descobriu que é um multipotencialista sequencial obstinado, pode ficar sobrecarregado.

Um trabalho de meio período é um sonho

Trabalhar algumas horas em diferentes empregos ou projetos faz com que você possa ter uma semana divertida, flexível e cheia de variedade. Se você já teve um emprego típico de tempo integral, sabe como pode ser difícil lidar com esse mundo. Alguns multipotencialistas acham que *qualquer coisa* que seja feita em tempo integral simplesmente não é uma opção. E está tudo bem! Quando questionada sobre sua escolha de ter três empregos de meio período, Morgan Siem expressou um sentimento comum entre as pessoas que adotam a Abordagem das Barras: ela gosta muito de cada uma de suas barras, mas não gostaria de estar ligada a nenhuma delas em tempo integral. Em suas palavras:

> Eu amo o fato de que todos os meus empregos são de meio período porque não quero desistir de nenhum deles. Meu trabalho na Human Kindness Foundation, por exemplo, é muito importante para mim. E dez horas por semana é uma quantidade perfeita.

Às vezes, o trabalho de meio período é considerado inferior ao emprego de tempo integral, mas, para quem segue a Abordagem das Barras, Meio-período + Meio-período + Meio-período ± Meio-período = Sonho.

Cada barra preenche uma parte diferente

Pessoal, somos todos multifacetados — até mesmo os especialistas. Se escolher construir uma série de carreiras de acordo com a Abordagem das Barras, cada uma delas permitirá que você use um conjunto de habilidades diferentes e atinja uma parte distinta de sua identidade. Amy Ng atua como líder criativa em uma empresa de relações públicas dois dias por semana. Ela dá aulas sobre criatividade e empreendedorismo uma vez por semana em uma faculdade local. A terceira carreira entre suas barras é administrar uma comunidade on-line, Pikaland, em que ela escreve em um blog, conduz workshops e faz zines para um público de artistas e ilustradores[22]. O trabalho de Amy na agência de relações públicas oferece a ela a oportunidade de colaborar com uma equipe em um ambiente rápido e bem compassado. Ela gosta de dar aulas na faculdade porque ensinar lhe traz um senso de contribuição, bem como uma experiência física e social que ela não tem sentada na frente de uma tela de computador. E o Pikaland é uma válvula de escape incrível para a expressão criativa e pessoal de Amy. Isso permite que ela inspire pessoas em uma escala global e faça uso de suas habilidades empresariais e artísticas. Cada carreira da Abordagem das Barras fornece um tipo diferente de experiência, requer um conjunto de habilidades exclusivas e a desafia de uma maneira distinta.

---

[22] À primeira vista, você pode pensar que o trabalho de RP de Amy financia seus outros projetos. Isso não é verdade. Quando conversamos, ela me contou que poderia viver confortavelmente com os rendimentos da Pikaland.

F*da-se o tédio

Com certa frequência, os multipotencialistas gravitam naturalmente na direção de áreas interdisciplinares. Mas, às vezes, em um cenário muito perturbador do tipo Romeu e Julieta, nos vemos apaixonados por um assunto muito especializado. Esperamos que seja nossa chance de dar um mergulho profissional em uma nova área. Conseguimos até mesmo enxergar o potencial econômico que teremos ao explorar esse nicho de mercado. Ainda assim, com muita esperança, estamos autoconscientes o suficiente para saber que, se nos comprometermos apenas com algo tão estreito, colocaremos nós mesmos em risco. Podemos ficar esgotados ou, pior, *entediados*.

Theodore Jordan projetou sua carreira em torno de várias ofertas especializadas para enfrentar esse problema. Seus projetos de meio período quase não poderiam ser mais "de nicho". Aqui estão as barras de Theodore:

- Designer de som: Theodore cria sons que são usados como amostras em sequenciadores de música. Ele também faz trilhas sonoras para programas de TV sobre paranormalidade e caça-fantasmas. Ao descrever seu trabalho, ele parece um cientista maluco que está se divertindo muito. Por exemplo: "Recentemente, congelei um microfone em uma poça e gravei o som de pessoas patinando sobre ele"! Sim, crianças, vocês podem ganhar dinheiro desse jeito.

- Escritor/autopublicador: usando sua experiência com a carreira da barra anterior, Theodore escreveu um livro sobre como administrar uma gravadora independente.

Ele está em processo de revisão e, em breve, será lançada uma segunda edição.

- Designer de sites relacionados a seguros: ele é o cara de confiança para projetar deles de seguradoras. Ele estava trabalhando em três deles quando conversamos e adora usar sua criatividade para torná-los um pouco mais interessantes do que o padrão desse setor.
- Blogueiro de carrinho de compras on-line: É verdade! Theodore se descreve como um "nerd de carrinho de compras", e seu blog de comércio eletrônico lhe oferece uma maneira de lidar com sua paixão, bem como um fluxo de receita.
- Desenvolvedor de meditações guiadas: ao criar e gravar meditações guiadas para as pessoas usarem em seus telefones e computadores, Theodore encontrou uma maneira de combinar seu interesse em design de som e atenção plena.

Ok, são muitas barras![23] Mas não é uma coincidência que ele tenha seis carreiras entre suas barras e que todas elas sejam bastante especializadas. Quanto mais estreitas as nossas barras, mais precisamos delas para atender às nossas necessidades em termos de variedade. Se estivermos interessados em uma área interdisciplinar, um único trabalho ou

---

23 Além disso, Theodore é casado e pai de dois filhos pequenos. Quando perguntei sobre suas estratégias de produtividade, ele me disse que tenta acordar às 5h da manhã diariamente para ter quatro horas de trabalho ininterrupto antes de sua família acordar. Lembra quando eu disse que os multipotencialistas estão muito longe de ser preguiçosos?

negócio pode satisfazer nossa necessidade de variedade. Mas os multipotencialistas conseguem prosperar em mercados estreitos. Acontece que talvez precisemos estar envolvidos em vários mercados estreitos para fazer nosso melhor trabalho e permanecer engajados a longo prazo.

Liberdade e flexibilidade

Certa vez, eu estava falando sobre a Abordagem das Barras com uma amiga que mora em Los Angeles, e ela, com um olhar astuto, me lançou a seguinte frase: "Ah, é assim que todo mundo ganha a vida aqui". É claro que minha amiga fez uma grande generalização. Há muitas pessoas que vivem em Los Angeles e têm empregos regulares. No entanto, o comentário dela toca em duas questões importantes: (1) as barras são uma maneira comum de artistas como ela ganharem a vida e (2) há muitos aspirantes a artistas em Los Angeles. A flexibilidade de um trabalho de meio período faz com que seja mais fácil acomodar shows de última hora, comparecer a audições e aceitar projetos criativos. Nem todo mundo que usa a Abordagem das Barras é um artista, e nem todos os artistas usam a Abordagem das Barras, mas ocorre uma agradável sobreposição.

Outra razão pela qual os artistas são atraídos pelo modelo de trabalho da Abordagem das Barras é que as carreiras nas artes podem levar mais tempo para se estabelecer do que aquelas em outros setores. As barras permitem que os multipotencialistas com inclinações artísticas se apoiem em outros interesses, mais facilmente monetizados, ao mesmo tempo em que impulsionam suas carreiras voltadas para as artes.

As bênçãos e as maldições da autodireção

Para sustentar uma carreira florescente de acordo com a Abordagem das Barras, devemos nos automotivar e ser independentes. Precisamos gerenciar nossos próprios horários. Devemos estar dispostos a desviar do caminho tradicional da sociedade, mas, ao mesmo tempo, seguir os padrões e cronogramas que estabelecemos para nós mesmos. Se você é uma pessoa que se sente confortável fazendo suas próprias coisas e organizando seu tempo, então a Abordagem das Barras pode ser uma boa opção. Se, ao contrário, tem mais sucesso quando lhe dizem o que fazer e quando fazer, então provavelmente prefere um modelo de trabalho diferente. É comum que as pessoas que optam pela Abordagem das Barras sejam avessas aos empregos tradicionais e não sejam muito simpáticas à ideia de envolver autoridade em seu trabalho.

DANDO O SALTO PARA UMA CARREIRA DA ABORDAGEM DAS BARRAS

Existem três caminhos que levam os multipotencialistas a optarem por uma carreira de acordo com a Abordagem das Barras.

1. Queremos sair de um emprego em tempo integral

Alguns multipotencialistas fazem a transição para uma carreira da Abordagem das Barras depois de assumir uma posição em tempo integral e perceber que preferem ter mais controle sobre seu trabalho e seu tempo. A atividade que vem antes de nossa primeira barra costuma ser uma versão freelance de um trabalho anterior de tempo integral. Vamos adicionando mais barras à nossa lista até que tudo esteja bem, tanto em nossa carteira *quanto* em nossa alma. Morgan fez essa transição quando deixou o emprego de publicitária e começou a trabalhar como freelancer para alguns poucos clientes. Ela usou as conexões feitas em seu emprego anterior para encontrar seus primeiros clientes e, a partir daí, tudo começou a fluir.

2. Temos a oportunidade de trabalhar meio período

Quando alguém percebe uma de nossas aptidões e se oferece para nos pagar por uma habilidade particular que temos, isso pode nos lançar em uma carreira surpreendente ou desejada de acordo com a Abordagem das Barras. Foi assim que Bethel Nathan se tornou uma oficiante de casamentos premiada. Por saber que ela tinha experiência em falar em público, seu irmão perguntou se poderia oficializar seu casamento. Logo depois, dois amigos próximos também a convidaram para celebrar suas uniões. Ela adorou a experiência e recebeu um ótimo feedback dos convidados. Após considerar essa nova carreira cuidadosamente e pesquisar bastante sobre o tema, Bethel passou a unir casais profissionalmente. Alguns anos depois, ela iniciou dois outros negócios: uma agência de consultoria e uma empresa de micropublicação, completando assim todas as carreiras entre suas barras.

3. Apenas mergulhamos e vamos refinando enquanto avançamos

Algumas pessoas iniciam suas carreiras de acordo com a Abordagem das Barras, assumindo uma miscelânea de empregos aleatórios e, depois, vão refinando seu portfólio de trabalho com base nas:

- barras de que gostam,
- barras mais lucrativas e
- oportunidades que se apresentam.

Andy Mort começou sua incursão nas carreiras da Abordagem das Barras quando percebeu a sobrecarga de um casal de amigos com os cuidados do filho recém-nascido.

> Minha carreira na Abordagem das Barras começou praticamente por acidente quando meus amigos tiveram um bebê. Um deles era médico, e o outro estava estudando para se tornar ministro da igreja, além de ser pai de primeira viagem em tempo integral. Eles estavam lutando com tudo isso. Não tinham tempo para cozinhar, limpar, lavar a roupa, e um dia estávamos brincando sobre como eu poderia fazer "marmitas" para eles. Antes que eu percebesse, recebi um e-mail com a oferta de oito horas de trabalho

por semana em vários serviços domésticos. Isso não era algo que eu teria sequer considerado antes, mas parecia perfeito. Eu precisava trabalhar, não queria ter um emprego tradicional, e eles precisavam de ajuda. Foi perfeito para os dois lados.

Em pouco tempo, a notícia se espalhou, e eu estava limpando meia dúzia de casas por semana, fazendo pequenos trabalhos de jardinagem, construindo móveis e qualquer atividade pesada para a qual as pessoas precisassem contratar alguém para ajudá-las. Foram alguns meses bastante bizarros, pois comecei a ganhar mais do que o suficiente para viver de uma seleção de empregos geralmente flexíveis o bastante para variar minha agenda em qualquer dia.

Fazer isso foi imensamente libertador e, embora eu não estivesse trabalhando com o que gostaria de fazer para sempre, havia um verdadeiro senso de integridade em realizar algo a partir de uma necessidade, e era apoiado por vários de meus "clientes", então eu tinha tempo e flexibilidade para desenvolver minha música sem me preocupar em ganhar dinheiro com isso.

Já se passaram quatro anos desde que Andy começou sua carreira de acordo com a Abordagem das Barras e, nesse meio-tempo, ele reduziu seu portfólio para quatro barras (incluindo sua carreira musical — atualmente, está gravando seu quinto álbum). Andy não está mais envolvido em uma dúzia de "bicos", mas a experiência e o autoconhecimento que adquiriu durante esse tempo o levaram para onde se encontra hoje. Embora ele tenha adotado a Abordagem das

Barras sem querer, ela foi um ajuste natural para Andy. Ele não gosta de trabalhar em estruturas hierárquicas, valoriza a liberdade e a flexibilidade, além de estar aberto a novas experiências. A história de Andy também ilustra o poder da Abordagem das Barras para apoiar o desabrochar de uma carreira artística.

EXECUTANDO MÚLTIPLOS NEGÓCIOS

No capítulo anterior, falamos sobre como, às vezes, os multipotencialistas conseguem encontrar a variedade que procuram em uma única e ampla atividade (o chamado negócio renascentista). Outra maneira de satisfazer essa necessidade de variedade é administrar alguns poucos negócios específicos, cada um fornecendo um serviço personalizado. Shanna Mann possui três negócios discretos:

1. venda de livros: ela garimpa livros presencialmente e os vende on-line;
2. coaching: ela ajuda pequenas empresas com questões de sistematização e administração; e
3. criação de conteúdo: ela escreve artigos sobre otimização de mecanismos de pesquisa para sites de tecnologia.

Assim como os outros multipotencialistas que conhecemos até aqui, cada carreira entre as barras de Shanna resulta em uma quantidade diferente de significado e renda. Seu negócio de venda de livros gera a maior parcela de seus rendimentos e satisfaz seu amor pela "caça ao tesouro". Seu negócio de criação de conteúdo está altamente sistematizado neste momento, e ela terceiriza grande parte da redação, por isso é uma fonte fácil de receita. O ramo de coaching é o menos estável de seus fluxos de renda — ela pode ter muitos clientes em determinado mês e poucos em outro —, mas adora trabalhar individualmente com empreendedores e ajudá-los a encontrar ordem e sustentabilidade em seus negócios. Seu trabalho é significativo, e a receita irregular não é um problema porque seus outros dois negócios são muito confiáveis.

Experimentando a Abordagem das Barras

Agora que já conhecemos a Abordagem das Barras, vejamos como seria sua vida profissional se você fosse atrás de várias de suas paixões ao mesmo tempo. Pegue uma caneta e papel. É hora de criar e combinar algumas carreiras entre as barras!

CRIE SUA LISTA MESTRA DE INTERESSES
(Se você já fez isso no capítulo 4, não precisa fazer de novo. Basta pegar sua lista principal e pular para a seção "Refine ainda mais sua lista" na página 127.)

Anote todos os interesses, paixões, habilidades e curiosidades, passados e presentes, em que puder pensar. Não se censure. Não importa se você não estiver envolvido na atividade ou se é um interesse muito novo ou passageiro. Ao completar exercícios como estes, temos a tendência de não acreditar em nossas realizações, então tente seguir esta regra: se em algum momento, durante este exercício, você se perguntar se deve ou não incluir algo, inclua-o.

REFINE SUA LISTA

Risque seus interesses "mortos" – os itens de sua lista que você não deseja ver novamente tão cedo. Marque com uma estrela os que lhe parecem especialmente interessantes neste momento.

REFINE AINDA MAIS SUA LISTA

Dê uma olhada em sua lista mestra e sublinhe os itens:

- pelos quais você foi pago para fazer no passado;

- em que você possui um nível de especialização acima da média; e

- que você reconhece como lucrativos.

FAÇA UMA LISTA DE POSSÍVEIS CARREIRAS ENTRE AS BARRAS/FLUXOS DE RECEITA

Em uma nova folha de papel, escreva cada um de seus interesses marcados com estrela e sublinhados, deixando bastante espaço embaixo de cada um deles. Embaixo de cada interesse, faça uma lista de carreiras entre as barras/fluxos de receita que lhe pareçam atraentes. Isso pode incluir: empregos de meio período, serviços que você pode oferecer, produtos que você pode criar, ideias de projetos aleatórios e assim por diante. Seu esquema pode ser semelhante ao exemplo seguinte.

MODA
- Alfaiataria personalizada
- Designer de roupas
- Jornalista de moda freelancer
- Começar uma empresa de roupas on-line

EDUCAÇÃO
- Professor substituto
- Conduzir workshops para uma empresa
- Autor de um currículo escolar
- Tutor de matemática
- Professor em um museu

AUTOR DE FICÇÃO
- Publicar um romance (ou autopublicar)
- Coach de escrita
- Conduzir workshops de escrita
- Criar uma pequena editora
- Criar um evento mensal sobre construção de narrativas

PSICOLOGIA
- Aconselhamento
- Escrever memórias sobre experiências relacionadas à saúde mental
- Criar um aplicativo que ajude as pessoas a melhorar sua autoestima

HORTICULTURA
- Negócio de paisagismo
- Arvorista
- Começar um jardim comunitário

Não tenha medo de incluir carreiras entre as barras que lhe pareçam difíceis ou pouco práticas. É importante tirar todas as suas ideias da cabeça e colocá-las no papel, então diga ao seu crítico interior para dar uma volta se estiver passando por um momento difícil.

ESSAS BARRAS ESTÃO DE ACORDO COM SEUS PORQUÊS? Compare cada uma das carreiras entre as barras em seu esquema com os porquês que você identificou no capítulo 3. Cada carreira entre as barras está alinhada com um ou mais de seus porquês? Ou considerar essas carreiras entre as barras suscita novos porquês?

EXPERIMENTE JUNTAR AS CARREIRAS ENTRE SUAS BARRAS

Em uma nova folha de papel, coloque de duas a cinco carreiras entre barras que lhe pareçam interessantes e considere como elas se encaixam. Algumas perguntas a serem feitas:

- As carreiras entre as barras são diferentes umas das outras, de modo que cada uma delas adiciona algo único à minha vida?
- Essas carreiras entre as barras me proporcionarão variedade suficiente (mas não demais)?
- Quando combinadas, as carreiras entre as barras me proporcionarão renda suficiente para suprir minhas metas financeiras?
- Essa combinação de carreiras entre as barras é compatível com o meu dia perfeito?

Talvez você não consiga responder a essas perguntas com muita precisão neste momento. Mudar de uma carreira dos sonhos para uma carreira próspera de acordo com a Abordagem das Barras na vida real envolve muita experimentação. Você não saberá se um conjunto de carreiras entre as barras fornecerá o dinheiro, o significado e a variedade de que você precisa até que possa experimentá-las. Ainda assim, vale a pena usar seu autoconhecimento e a noção de seus objetivos para que consiga avançar na direção certa. Você pode fazer uma correção de rota depois.

CONTINUE BRINCANDO COM COMBINAÇÕES DIFERENTES

Reúna diferentes combinações das carreiras entre as barras que você identificou e execute-as nas perguntas da seção anterior.

COMEÇANDO A AGIR

Se você está animado para seguir algumas carreiras de acordo com a Abordagem das Barras, decida de uma a três pequenas ações que pode começar a fazer esta semana. Suas etapas de ação dependerão de sua situação e da natureza das carreiras entre suas barras, mas veja alguns exemplos possíveis:

- Entre em contato com pessoas específicas de sua rede (amigos, família, professores, colegas etc.) que possam ter ligações ou conexões para ajudá-lo a começar em uma das carreiras entre suas barras.

- Pesquise a viabilidade de mercado de uma de suas ideias de negócios. Existe uma necessidade desse produto/serviço? Quem é seu público?

- Envie um e-mail para alguém que esteja em uma das carreiras entre as barras e que você esteja considerando e verifique se ela estaria disposta a responder algumas de suas perguntas.

PONTOS-CHAVE DESTE CAPÍTULO

O modelo de trabalho da Abordagem das Barras permite que expressemos com frequência e fluidez nossas diferentes facetas. É uma boa opção para multipotencialistas que adoram fazer malabarismos com vários projetos ao mesmo tempo. Aqui estão as principais lições deste capítulo:

- A Abordagem das Barras significa ter dois ou mais empregos de meio período e/ou negócios entre os quais você alterna-se regularmente.
- Um trabalho de meio período é um sonho. Você ama cada uma das profissões que está entre suas barras, mas não gostaria de focar nenhuma delas em tempo integral.
- Cada profissão entre as barras adiciona algo especial à sua vida e o desafia de uma maneira diferente.
- Trabalhar com carreiras entre barras permite que você atue em áreas especializadas e entre em nichos de mercado sem se cansar ou ficar entediado.
- O modelo de trabalho da Abordagem das Barras proporciona horários flexíveis se comparado com os empregos em tempo integral. Isso faz com que seja uma boa opção para muitos artistas.
- As pessoas que optam pela Abordagem das Barras normalmente sabem se autogerir e têm um espírito independente ou empreendedor.
- Muitas vezes, os multipotencialistas iniciam sua jornada de carreira com a Abordagem das Barras: (1) fazendo a transição de um emprego de tempo integral para uma versão de meio período do mesmo trabalho, (2) aceitando uma oportunidade de meio período que se torna a profissão antes da primeira barra e/ou (3) mergulhando em várias carreiras entre as barras e refinando-as mais tarde.

6

A ABORDAGEM DE EINSTEIN

Por quase uma década no início dos anos 1900, Albert Einstein atuou como oficial de patentes para o governo suíço. Apesar de sua atividade diurna, ele conseguiu produzir alguns de seus trabalhos mais notáveis durante esse período, incluindo sua especial teoria da relatividade. Como Einstein encontrou tempo para trabalhar em tempo integral e desenvolver suas teorias? Sim, todos sabemos que Einstein era um gênio, mas sua capacidade de perseguir seus "projetos pessoais" (leia-se: empreendimentos científicos que mudaram o mundo) tinha pouco a ver com sua mente refinada e *tudo* a ver com o modelo de trabalho escolhido. O cargo de Einstein no escritório de patentes garantiu-lhe segurança e estabilidade financeira. Ser oficial de patentes também era um trabalho notoriamente lento que o deixava com bastante tempo e energia ao fim do dia para se dedicar às suas teorias. Como benefício adicional, ele aprendia sobre novas invenções no trabalho diariamente. Einstein tinha um "emprego bom o suficiente", um termo que estou pegando emprestado de Barbara Sher em seu livro *Refuse to Choose!*[24].

A Abordagem de Einstein significa ter um emprego ou negócio em tempo integral que lhe dê apoio total, da mesma forma que lhe deixa tempo e energia suficientes para perseguir suas paixões paralelas. Ou seja, o modelo de trabalho da Abordagem de Einstein permite que você seja o que quiser sem ter que monetizar tudo. É uma boa escolha para pessoas que desejam buscar (confortavelmente) uma área que normalmente não pode lhe oferecer um ótimo salário.

EXTINGUIR OU LIBERAR?

A Abordagem de Einstein não é para todo mundo. Para alguns de nós, a ideia de relegar nossa multipotencialidade às noites e aos fins de semana é inaceitável. Preferiríamos morrer de fome a passar quarenta horas por semana fazendo algo ao qual não podemos nos entregar totalmente. No entanto, para muitos outros, a Abordagem de Einstein é nada menos que libertadora. Ao remover a pressão de todos os nossos interesses precisarem gerar uma renda, também nos

---

[24] Existe um debate sobre se Albert Einstein foi um verdadeiro polímata ou apenas um gênio. (Estou rindo por ter escrito as palavras *apenas um gênio*.) Certa vez, Einstein disse: "Não tenho nenhum talento especial. Sou apenas apaixonadamente curioso". Além da ciência, ele amava música e tocava violino. Independentemente do status de gênio e/ou multipotencialista de Einstein, a maneira como ele viveu sua vida pode nos ensinar como estruturar nosso trabalho para que ele apoie nossas múltiplas paixões.

liberamos para explorar outras atividades sem preocupações. Podemos pular de área em área, de projeto em projeto, de capricho em capricho. Podemos adicionar ou descartar atividades como quisermos — sem perguntas, sem repercussões financeiras.

Saber se a Abordagem de Einstein lhe soa atraente dependerá em parte do valor que você dá à estabilidade *versus* flexibilidade. A maioria das pessoas que escolhe a Abordagem das Barras, que conhecemos no capítulo 5, ansiava por um alto grau de versatilidade e independência. Muitas haviam deixado seus empregos tradicionais porque aquele mundo não se encaixava bem na vida delas. Os felizes adotantes da Abordagem de Einstein, no entanto, valorizam a estabilidade. Eles tendem a gostar de ter estrutura, rotina e camaradagem, que podem ser encontrados em qualquer local de trabalho. Embora frequentemente pouco palatável para a sociedade, o modelo de trabalho da Abordagem de Einstein oferece o benefício adicional de se ter um cargo fácil de entender que, em geral, faz sentido para o mundo. Multipotencialistas que seguem a Abordagem de Einstein provavelmente não confundem as pessoas ao se apresentarem em uma festa. O que os diferencia da maioria não é a forma como pagam as contas, mas a grande variedade de outros hobbies e paixões em sua vida.

No cargo de gerente de TI, Charlie Harper fica no escritório cinco dias por semana, das 8h30 às 17h30. Ao sair, por vezes passa em casa para jantar com seus três filhos — ele alterna a responsabilidade de fazer a refeição para poder ficar livre várias noites por semana — e, às vezes, vai diretamente para o teatro ou a um ensaio à capela. Além de ser um entusiasta das artes, Charlie é carpinteiro profissional. Certa vez, construiu uma casa com seu pai e criou várias peças de mobiliário. Quando conversamos, ele havia acabado de terminar um barco.

O trabalho de Charlie como gerente de TI o coloca em contato próximo com a tecnologia, uma de suas paixões de longa data. Embora não seja capaz de integrar todos os seus interesses e habilidades, o emprego de Charlie permite que ele execute uma série de tarefas dentro do setor de tecnologia. Em suas palavras: "Se alguma coisa se conecta a outra, então é minha praia. A função que desempenho atinge todas as facetas do negócio porque os computadores são essenciais para nossas operações". Charlie também utiliza seus superpoderes multipotencialistas aproveitando as oportunidades de aprendizado que tem no trabalho. "No momento, meu grande negócio é a segurança. Tenho uma pilha de livros sobre hackers na minha mesa e estou lendo um monte de artigos sobre certificação".

Apesar de Charlie adorar artes cênicas e carpintaria, optou por não seguir profissionalmente nenhuma dessas carreiras. Seu grupo de teatro comunitário local, seu grupo de canto e seus projetos esporádicos de construção enriquecem sua vida e lhe trazem muita realização. Ele não deseja monetizar essas atividades. Fazer isso pode realmente torná-las menos divertidas. O trabalho de TI ajuda a pagar as contas, enquanto os hobbies preenchem o lado criativo de Charlie. Não há cobrança para que seus interesses colaterais gerem renda, e nenhuma pressão para que o trabalho de TI seja considerado a paixão de sua vida. Charlie está em sua empresa há catorze anos e, embora possa não ser seu *emprego dos sonhos multipotencialista*, é ele que sustenta sua família, e Charlie está feliz assim. E quando o dia de trabalho chega ao fim, o trabalho termina realmente ali. Ele não precisa ficar até mais tarde no escritório. Pode ficar com a cabeça nas nuvens e se divertir com seus outros projetos multipotencialistas. Seu trabalho pode não ser emocionante, mas é bom o suficiente.

O QUE FAZ UM TRABALHO SER BOM O SUFICIENTE?

Como aspirante da Abordagem de Einstein, você deve se certificar de que o trabalho que está considerando é bom o suficiente, porque, se não for — se for apenas tolerável ou não permitir que você atenda às suas necessidades básicas —, então você não conseguirá ser feliz.

Para ser qualificado como bom o suficiente, um trabalho deve cumprir três critérios:

1. Deve ser agradável, preferencialmente desafiador e divertido, e em uma área pela qual você tenha interesse genuíno. Um trabalho bom o suficiente não precisa ser multifacetado, embora possa sê-lo (é aqui que o trabalho bom o suficiente e o trabalho da abordagem do Abraço em Grupo começam a se misturar. Veremos mais sobre esse assunto em instantes).

2. Ter um salário alto o suficiente para permitir que você alcance seus objetivos financeiros[25].

---

25 Conforme definido por você no capítulo 3.

3. Deixá-lo com tempo livre e energia suficientes para perseguir seus outros interesses fora do trabalho. Se tomar até oitenta horas da sua semana ou se você se sentir completamente esgotado no final do dia, não é o suficiente.

Falando como uma millennial canadense-americana, essa conversa deve incluir um reconhecimento do quanto tudo mudou desde que Barbara Sher começou a falar sobre o emprego bom o suficiente. A segurança no ambiente profissional está desaparecendo. Os funcionários estão trabalhando mais horas por salários menores. Espera-se que muitos de nós respondamos a e-mails de trabalho até tarde da noite. E não vamos esquecer a aterrorizante dívida do empréstimo estudantil que muitos jovens precisam enfrentar. Apesar desses desafios, acredito que o emprego bom o suficiente ainda exista. Só é mais difícil de achá-lo.

ENCONTRANDO A ENERGIA

Como as pessoas que adotam a Abordagem de Einstein têm resistência para ficar o dia inteiro trancadas em um escritório e, depois, ir para o teatro e trabalhar em um musical? Não é uma coincidência que os hobbies de Charlie sejam muito diferentes de seu trabalho remunerado. Enquanto a TI permita a Charlie explorar suas habilidades analíticas e de resolução de problemas, seus hobbies são mais intuitivos, artísticos e centrados no corpo. Ele é reenergizado pela mudança, que vai de um modo lógico para um intuitivo e ocorre quando ele faz a transição do trabalho para o hobby. Caso sua atividade diurna fosse um pouco mais desgastante fisicamente, ele poderia passar as noites aprendendo programação em vez de harmonização em cinco partes. Charlie não tem interesse em desenvolver suas habilidades de programação depois do trabalho. Seria muito parecido com o que ele faz o dia todo. Então, vamos ao teatro ensaiar um musical! Ao considerar um potencial emprego bom o suficiente, pense se ele é semelhante aos seus outros interesses. Utiliza as mesmas habilidades e maneiras de pensar? Em caso afirmativo, se você tiver apenas mais do mesmo, será difícil manter seu foco enquanto você faz a transição de um dia completo de trabalho para seus projetos pessoais?

VARIEDADE: QUANDO MENOS É MAIS...

Muitos adotantes da Abordagem de Einstein têm empregos que lhes permitem assumir funções diferentes. O trabalho bom o suficiente é simplesmente uma versão inferior de um trabalho da Abordagem do Abraço em Grupo? Ter *mais variedade* não é sempre melhor? Não necessariamente. Há vários motivos pelos quais você pode preferir um trabalho diurno menos multifacetado.

April Vomfell deixou seu emprego como bibliotecária porque achou que ele era muito cansativo — embora gostasse do trabalho, parecia estar consumindo todo seu tempo e energia. Ela passou a atuar como editora web, o que ela descreve como "mais restrito e chato". Para April, isso é perfeito (por enquanto). A vantagem de ter uma atividade mecânica e chata é a capacidade de deixar o trabalho no trabalho:

> Sem o estresse me acompanhando até em casa depois de um dia de trabalho, uso meu tempo livre para me dedicar a um projeto paralelo com meu marido. Temos uma pequena fazenda, e eu tenho cultivado e vendido flores, e estou adorando tudo isso. Graças ao meu emprego diurno e ao fato de que essas mudanças foram uma escolha minha, estou muito mais feliz agora.

Eu me arrisco a dizer que o trabalho anterior de April como bibliotecária não era bom o suficiente, pelo menos não para ela[26]. Era uma função que renegava tempo e energia para ela seguir os projetos paralelos que amava, pois a rotina era muito desgastante. April se dedicava tanto ao trabalho — aproveitando suas várias habilidades e interesses diferentes — que chegava esgotada ao final do dia. Escolher entre a Abordagem do Abraço em Grupo e a Abordagem Einstein é, na verdade, uma opção entre aumentar a variedade no trabalho ou fazê-la no seu próprio tempo e condições.

---

[26] Conversei com muitos multipotencialistas que adoram seus empregos na área de biblioteconomia exatamente pela mesma razão que April não gostava do seu: eles diziam que podiam ser e fazer muitas coisas.

O NEGÓCIO BOM O SUFICIENTE

A versão do trabalho autônomo da Abordagem de Einstein envolve administrar um negócio restrito e lucrativo que forneça renda suficiente e o deixe com tempo o bastante para perseguir suas outras paixões. É uma abordagem que funciona bem para multipotencialistas que possuem uma habilidade especializada que tenha alta demanda. Habilidades tecnológicas, como programação, desenvolvimento web ou design gráfico, tendem a tornar os negócios suficientemente bons. A consultoria é outra oferta que pode ser bastante lucrativa.

Leigh Matthews trabalha como redatora científica freelancer. Ela passa trinta horas por semana transformando complicados artigos de periódicos médicos em resumos curtos e concisos. Assim como o caso de Charlie, o emprego pago de Leigh é multifacetado, mas sem consumir tudo o que ela tem (conceitual ou temporalmente). Ela escreve sobre vários assuntos relativos à medicina, muitas vezes usando seus interesses que não têm a ver com essa área em seu trabalho. Alguns anos atrás, por exemplo, ela colaborou com um cirurgião especialista em redesignação sexual. Na época, ele estava com dificuldade para encontrar um redator que trabalhasse com textos médicos e que pudesse escrever sobre esses procedimentos de uma maneira inteligente e empática. Leigh é uma grande redatora da área de ciências com experiência em ativismo LGBTQ e justiça social; ela era perfeita para ajudá-lo a criar publicações para pessoas interessadas em se submeter a cirurgias de transição. Leigh encontra outras maneiras de injetar essas habilidades em seu trabalho regularmente. Ela adora alterar a linguagem de gênero para tornar os artigos mais inclusivos — ela pode mudar "mulheres grávidas" para "pessoas grávidas" — e frequentemente se vê esclarecendo a diferença entre gênero e sexo em seus escritos.

Leigh gosta do desafio de transformar um artigo de cinco mil palavras em apenas algumas centenas delas. Ela adora poder "resolver um problema" brincando com a linguagem. No entanto, apesar da natureza divertida e um tanto interdisciplinar de seu negócio, ela tem interesses que não explora no trabalho. Seu trabalho remunerado tem a ver com comunicação em um estilo muito particular. Seu trabalho não remunerado é mais artístico e colaborativo: ela atualmente está escrevendo um romance, ajudando um compositor a transformar um de seus livros em uma ópera e criando um livro de poesias que faz uma analogia entre cervejas e relacionamentos[27].

O VALOR RELATIVO DAS HABILIDADES

A estabilidade financeira é fundamental na Abordagem de Einstein. É aquilo que o capacita a explorar suas paixões paralelamente sem preocupações. Usar a Abordagem de Einstein significa ter um emprego ou possuir uma empresa que

---

[27] Ela teve a ideia do projeto quando estava com uma amiga. Ela tomou um gole de sua bebida e pensou: "Esta cerveja é como um relacionamento. Tem um começo empolgante, fica encorpada após um tempo e tem um final meio amargo e angustiante".

gere dinheiro suficiente para sustentá-lo. Para o melhor ou o pior, sempre haverá habilidades que são mais raras e mais solicitadas do que outras. E esses talentos exigem um salário mais alto. Não é surpreendente, então, que os três adotantes da Abordagem de Einstein que conhecemos até agora tenham empregos técnicos e baseados em informações. Também não é uma coincidência que nem Leigh nem Charlie recebam muito (se é que recebem algo) por seus trabalhos mais lúdicos. Atividades artísticas, embora socialmente importantes e pessoalmente gratificantes, podem ser difíceis de monetizar. É improvável que você encontre alguém cujo trabalho seja bom o suficiente, digamos, como diretor de teatro. Esses profissionais geralmente fazem isso por paixão, e não por segurança, e colocam muito de sua alma e tempo no trabalho.

Se você tem aspirações artísticas, não se preocupe. Não é necessário desistir de seus sonhos ou ser um artista e morrer de fome. Você pode ter segurança em outras posições (em uma área na qual também esteja genuinamente interessado) e perseguir a arte em seu tempo livre, ou pular a Abordagem de Einstein e escolher outra, como a Abordagem das Barras. Essas estratégias não fazem de você um traidor. Uma das características mais belas em ser um multipotencialista é que possuímos uma grande gama de habilidades e interesses. A Abordagem de Einstein nos permite identificar e criar carreiras boas o suficiente em torno de nossas habilidades mais lucrativas para que possamos perseguir nossas outras paixões sem pressão.

BONS TRABALHOS E FORMAÇÃO PROFISSIONAL

E se você estiver interessado em ter um emprego bom o suficiente que exija anos de treinamento? Matt Lambert é um médico de setenta e dois anos que trabalha na área há quarenta e sete anos! Ele foi cirurgião em consultório particular e professor de cirurgia durante a maior parte de sua carreira e, mais recentemente, mudou-se para o setor de gestão hospitalar. Se você lesse sobre a carreira médica de quarenta e sete anos de Matt em qualquer outro contexto, você não pensaria de maneira alguma que ele é um multipotencialista. A medicina é considerada por muitos o Santo Graal das carreiras especializadas[28].

Médicos podem perfeitamente ser multipotencialistas, assim como multipotencialistas com interesse em medicina não precisam ser desencorajados a seguir por esse caminho. Matt pode ser médico de profissão, mas também é um artista apaixonado, leitor ávido e aprendiz vitalício. Ao descrever sua vida como cirurgião, ele disse:

> Gostava de ser médico, mas continuei escrevendo (contos, poemas e um romance). Toquei em uma banda, na guitarra. Fiz esculturas em madeira,

---

28 Alerta de *spoiler*: trata-se de um equívoco.

impressão em blocos, pinturas chinesas com pincel, colagens, pintura acrílica, iluminuras medievais, escultura em arame e continuei sendo um leitor voraz.

Matt é uma das pessoas mais inspiradoras que entrevistei para este livro. Aos setenta e dois anos, ele não se desculpa por priorizar seus projetos pessoais e programa seu tempo livre com grande intencionalidade:

> A vida é muito curta para ficar me sentindo frustrado ou ter expectativas não atendidas e, embora não possamos realizar tudo o que gostaríamos, podemos fazer algo muito melhor. Tento reservar algum tempo todos os dias para aquelas coisas que são importantes para mim: meditar, ler, criar, pensar e apreciar tudo que o mundo tem a oferecer, incluindo minha família e meus amigos.

Matt nem sempre foi tão confiante em ter múltiplas paixões. Ele costumava ver seus interesses em medicina e artes como incompatíveis:

> Fiquei pensando que não queria mais ser médico e procurando o que eu realmente deveria ser. Nunca pensei que isso (ser um multipotencialista) talvez fosse o que eu deveria fazer até pouco tempo.

Experimentando a Abordagem de Einstein

Seguir o exemplo de Einstein e estabelecer um emprego ou negócio bom o suficiente seria uma boa opção para você? Consideremos suas habilidades, interesses e objetivos específicos e vejamos como seria sua vida se utilizasse a Abordagem de Einstein.

CRIE SUA LISTA MESTRA DE INTERESSES
(Se você já fez isso quando leu o capítulo 4, não precisa fazer novamente. Basta pegar sua lista principal e pular para a seção "Faça uma lista de possíveis trabalhos bons o suficiente".)

Anote todos os interesses, paixões, habilidades e curiosidades, passados e presentes, em que puder pensar. Não se censure. Não importa se você não está envolvido na atividade ou se é um interesse muito novo ou passageiro. Ao completar exercícios como estes, temos a tendência de não acreditar em nossas realizações, então tente seguir esta regra: se em algum momento, durante este exercício, você se perguntar se deve ou não incluir algo, inclua-o.

REFINE SUA LISTA
Risque seus interesses "mortos" – os itens de sua lista que você não deseja ver novamente tão cedo. Marque com estrela os que parecem especialmente interessantes neste momento.

FAÇA UMA LISTA DE POSSÍVEIS TRABALHOS BONS O SUFICIENTE

Imagine-se indo falar com um consultor de carreira (ou vá mesmo falar com um). Que carreiras ele pode sugerir depois de examinar sua lista principal de interesses? Faça uma pesquisa para ver quais empregos são recomendados para alguém com sua(s) formação(ões) específica(s). Carreiras que são comumente vistas como "práticas" muitas vezes dão origem a empregos decentes e bons o suficiente. Por exemplo, se você fizer uma pesquisa rápida por "empregos para formandos em sociologia", encontrará inúmeras sugestões de carreira, incluindo pesquisador social, analista atuarial e analista de UX (experiência do usuário). Se você pesquisar "carreiras relacionadas a esportes", encontrará ocupações como diretor de condicionamento físico, fisiologista do exercício e nutricionista esportivo.

FAÇA UMA DUPLA VERIFICAÇÃO PARA SABER SE CADA TRABALHO QUE VOCÊ DESCOBRIU É, DE FATO, BOM O SUFICIENTE

Para cada trabalho bom o suficiente em potencial que você identificou, faça as seguintes perguntas:

- Esse emprego me proporcionaria renda suficiente para cumprir as metas financeiras que defini no capítulo 3?
- Esse emprego ocuparia quantas horas da minha semana?
- Esse emprego seria criativo, emocional ou fisicamente desgastante?

- Esse emprego me proporcionaria oportunidades de aprender no trabalho?

- Esse emprego parece divertido? Eu me vejo, no futuro, gostando de meu empregador, de meus colegas e do ambiente em que estaria trabalhando?

- Esse emprego é diferente o suficiente dos outros projetos que eu gostaria de realizar? Ele usa distintas habilidades e maneiras de pensar?

- Como seriam meu dia e minha semana se eu tivesse esse emprego e me envolvesse com minhas outras paixões paralelas? Essa programação é compatível com o dia perfeito que concebi no capítulo 3?

Cada trabalho não precisa ter uma pontuação perfeita em todos esses critérios e você provavelmente não será capaz de responder a todas essas perguntas no abstrato, de qualquer maneira. No entanto, é importante refletir sobre essas questões ao considerar possíveis empregos bons o suficiente.

FAÇA UMA LISTA DE POSSÍVEIS NEGÓCIOS BONS O SUFICIENTE

Dê uma olhada em sua lista mestra. Quais são suas habilidades pelas quais as pessoas lhe pagariam? Não se preocupe se ainda não estiver em um nível em que sinta que pode desenvolver todos esses talentos profissionalmente. Estamos apenas fazendo um brainstorming aqui, então coloque todas as suas ideias no papel agora. Você estará crescendo, mudando e se aprimorando para sempre, então não há necessidade de se limitar.

AS HABILIDADES QUE VOCÊ IDENTIFICOU ANTERIORMENTE SÃO LUCRATIVAS?

Para cada uma das habilidades que você identificou, pergunte-se:

- Essa habilidade pode fazer com que você seja bem pago?
- Como está a demanda por essa habilidade?
- Essa habilidade é rara?
- Existe um nicho específico que você poderia atingir ou um público que pagaria mais por essa habilidade? (Por exemplo, o marketing freelancer para grandes empresas pode pagar melhor do que trabalhar com pequenas empresas ou organizações sem fins lucrativos.)

JUNTANDO AS PEÇAS

Em uma nova folha de papel, faça uma lista das ideias de trabalho e negócios bons o suficiente que você gerou ao longo destes exercícios.

COMEÇANDO A AGIR

Se você estiver animado para seguir uma carreira de acordo com a Abordagem de Einstein, decida de uma a três pequenas ações que você pode fazer esta semana para levá-lo na direção certa. As etapas de sua ação dependerão de sua situação e da natureza de seu trabalho e ideias de negócios bons o suficiente, mas aqui estão alguns exemplos possíveis:

- Entre em contato com alguém que trabalhe na profissão que você está considerando e pergunte sobre a realidade da sua rotina de trabalho.
- Pratique/aprimore uma de suas habilidades potencialmente lucrativas.
- Revise seu currículo de maneira que reflita sua experiência e suas qualificações para um emprego bom o suficiente que você esteja decidido a procurar.

PONTOS-CHAVE DESTE CAPÍTULO

A Abordagem de Einstein é uma ótima opção para multipotencialistas que estão contentes (ou aliviados) por se envolverem com seus interesses puramente por diversão e em seus próprios termos. Também é uma boa escolha para aqueles que se dão bem com estabilidade e rotina. Aqui estão os pontos principais que discutimos neste capítulo:

- A Abordagem de Einstein significa ter um emprego ou negócio em período integral que o apoie totalmente, enquanto o deixa com tempo e energia suficientes para perseguir suas outras paixões paralelas.
- A Abordagem de Einstein envolve ter um emprego bom o suficiente. Se você preferir trabalhar por

- conta própria, pode começar seu negócio bom o suficiente.
- Para que um trabalho ou negócio seja bom o suficiente, ele deve lhe trazer: (1) diversão, (2) renda satisfatória e (3) tempo livre.
- Os adotantes da Abordagem de Einstein têm energia para ir de seu trabalho remunerado para seu trabalho apaixonado, garantindo que ambos utilizem conjuntos de habilidades e maneiras de pensamento diferentes.
- Algumas pessoas procuram empregos bons e multifacetados por natureza. No entanto, muita variedade também pode ser contraproducente, pois pode tornar mais difícil manter sua energia após o trabalho. Se um trabalho interdisciplinar soar mais atraente, certifique-se de verificar o modelo de trabalho do Abraço em Grupo.
- Como a estabilidade financeira é um componente-chave da Abordagem de Einstein, nossas habilidades mais lucrativas se traduzem melhor em empregos/negócios bons o suficiente.
- Não há problema em se interessar por uma profissão que requer anos de treinamento. Existem muitos multipotencialistas que complementam sua paixão por um campo que exige anos de estudo com inúmeros hobbies significativos e desvinculados da área.

7

A ABORDAGEM DA FÊNIX

A fênix é uma das criaturas míticas mais famosas. Reza a lenda que esse grande pássaro vermelho e dourado vive por mais de quinhentos anos. No final da vida, ele constrói uma pira de galhos e — esta é a parte da história em que as várias interpretações míticas divergem — explode em chamas ou deita-se, morre e se decompõe lentamente. A fênix então renasce de suas próprias cinzas (ou de sua sujeira primordial...).

Para alguns de nós, a fênix é uma metáfora bem apropriada. Enquanto alguns multipotencialistas têm sucesso quando há diversos interesses ativos em sua vida, outros ficam fascinados por um único assunto por meses ou até anos[29]. *A Abordagem da Fênix tem a ver com trabalhar em um único*

---

[29] Se o seu caso se parece com este, você está qualificado para se autodenominar um multipotencialista.

setor por vários meses ou anos e então ir mudando de marcha até começar uma nova carreira em uma nova área. Não é surpresa alguma que esse modelo funcione melhor para multipotencialistas que se aproximam mais do espectro simultâneo-sequencial[30] e gostam de explorar suas paixões, uma de cada vez.

Conheci Trever Clark por meio de um amigo em comum pouco depois de lançar meu site, o Puttylike. Na época, Trever era um blogueiro apaixonado e trabalhava com marketing digital. Embora ele morasse em Michigan e eu, na Dinamarca, nos tornamos amigos on-line rapidamente, trocando conselhos e apoio à medida que nossos respectivos blogs iam crescendo. Na verdade, ele foi a primeira pessoa a usar a palavra multipotencialista![31] Como costuma acontecer com amigos que moram distantes, Trever e eu perdemos contato nos anos seguintes, mas continuamos acompanhando a vida um do outro pelas redes sociais. A certa altura, percebi que o tema de suas postagens havia mudado. Em vez de compartilhar artigos de tecnologia, Trever agora postava com entusiasmo sobre comida — ou seja, sobre o cultivo artesanal de cogumelos que havia iniciado com um amigo. Eles estavam desenvolvendo cogumelos gourmet e vendendo-os para restaurantes de luxo locais.

---

30 Conforme visto no capítulo 1.

31 Eu estava discutindo o termo psicológico *multipotencialidade* em meu blog, e Trever gentilmente publicou um post em seu site sugerindo que seus leitores examinassem meu trabalho. Nessa postagem, ele se referiu à comunidade do Puttylike como sendo composta por "multipotencialistas". O termo pegou. (Ele me deu permissão para seguir neste caminho.)

Logo depois de saber sobre a nova carreira de Trever, minha esposa e eu fizemos uma viagem. Decidimos fazer uma parada para colocar o papo em dia e conhecer a sede da The Urban Mushroom. O lugar era incrível. Havia espaços inteiros com cogumelos enormes e coloridos, muitas variedades das quais eu nunca tinha ouvido falar. Fiquei muito impressionada com a paixão de Trever pela micologia. (Ele contou sobre suas recentes aventuras enquanto pulverizava cuidadosamente uma parede com cogumelos juba de leão.) Ele apresentava, naquele momento, o mesmo entusiasmo que havia depositado no marketing on-line, só que dessa vez aplicado a experimentos com placas de Petri, e não à pesquisa de palavras-chave.

Agora avance rápido três anos para a frente: não fiquei surpresa ao saber que Trever havia vendido sua parte no negócio de cogumelos e se tornado o diretor de operações de um programa de bolsa de alimentos local. Um ano depois, ele virou analista de suporte técnico. Trever é um multipotencialista que percorre seus interesses sequencialmente (um de cada vez). Ele fica fascinado com algo e se deixa mergulhar totalmente nesse novo tema — por alguns anos. Quando ele não se sente mais desafiado, deixa o assunto para trás e segue para uma nova área. Cada vez que ele atinge seu ponto final pessoal, sua antiga identidade irrompe em uma chama gloriosa e ele renasce das cinzas para assumir um novo papel.

ENCONTRANDO UM EQUILÍBRIO ENTRE PROFUNDIDADE E AMPLITUDE

O modelo de trabalho da Abordagem da Fênix é mais adequado para multipotencialistas que gostam de ir fundo e que não exigem muita variedade em sua vida para serem felizes. Essa abordagem difere de todos os outros modelos de trabalho de uma maneira significativa: não oferece diversidade — ou melhor, ela aparece muito lentamente: você só a enxerga quando olha para trás e vê seu histórico. Quando você se aventura em uma nova área de interesse, provavelmente não está se envolvendo com muitos de seus outros interesses ao mesmo tempo. Você explora as coisas uma após a outra, geralmente depois de vários anos (em vez de horas) entre cada troca. Se você estiver próximo do fim do espectro sequencial-simultâneo, a Abordagem da Fênix pode ser a correta para você.

A teoria do doutorado abandonado

Eis um fato engraçado da minha pesquisa: em comparação com multipotencialistas que utilizam outros modelos de trabalho, os que seguem a Abordagem da Fênix, desproporcionalmente, têm pelo menos um doutorado abandonado. Deixando os possíveis fatores socioeconômicos de lado, muitos adotantes da Abordagem da Fênix relatam amar seus programas acadêmicos avançados de cinco anos nos primeiros três ou quatro, para depois perderem totalmente o interesse neles.

Bart Lenselink decidiu abandonar seu doutorado em química após quatro anos. Ele ficou entediado e perdeu a vontade de continuar escrevendo sua tese. Depois de sair do doutorado, Bart decidiu seguir seu amor por computadores, que se transformou em uma carreira de trinta anos, durante os quais passou por marketing, telecomunicações, arquitetura de processos de TI, gerenciamento de projetos e consultoria de gerenciamento. Da mesma maneira, Stéphanie Lebrun Kohler optou por não terminar seu doutorado em jornalismo. Alguns anos depois, ela estava mais do que pronta para tentar algo novo. Stéphanie acabou conseguindo um emprego em publicidade, depois fez uma transição para a área de educação e, então, para a tradução. Esse padrão de multipotencialistas da Abordagem da Fênix que perseguem e então abandonam algo mesmo em graus avançados faz todo o sentido. Eles são tão fascinados por determinada área que buscam o mais alto nível de educação possível, mas não conseguem manter esse nível de dedicação por um período tão longo. Isso faz com que sejam fracassados? É óbvio que não. Eles são uma fênix. Mais do que qualquer outro tipo de multipotencialista, as fênix adoram ir fundo. Mas, como todos os multipotencialistas, elas também precisam se sentir entusiasmadas e desafiadas por seu trabalho.

E se você precisar de mais variedade?

Digamos que você não esteja tão focado quanto as fênix que conhecemos até o momento. Uma maneira de tornar a Abordagem da Fênix mais multifacetada é combinar modelos de trabalho e/ou construir algo entre modelos sucessivos de maneira progressiva para levá-lo gradualmente até onde você deseja estar. Considere, por exemplo, um multipotencialista que vai da engenharia para a saúde e para o setor de alimentação ao longo de um período de dez anos. Como engenheiro, essa pessoa utiliza a Abordagem de Einstein e tem um emprego bom o suficiente em uma grande empresa enquanto explora suas outras paixões em paralelo. Após a transição para a saúde, ela adota a Abordagem das Barras e estabelece vários fluxos de receita em tempo parcial, cada um dos quais relacionado de alguma forma à saúde: é ajudante em uma clínica alguns dias por semana, dá treinamento nutricional para determinados clientes e oferece aulas de ioga. Por fim, ao entrar na indústria de alimentos, utiliza a Abordagem do Abraço em Grupo e abre uma padaria de produtos sem glúten, que se torna seu Negócio Renascentista, pois combina seus interesses em saúde e alimentação. Inclusive, sua padaria foi montada em um espaço grande o suficiente para acomodar aulas ocasionais de ioga.

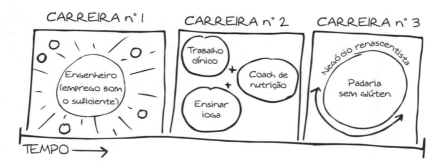

Ao combinar a Abordagem da Fênix com outros modelos de trabalho, você pode se aprofundar em algo por mais tempo sem se fechar para outros interesses. No entanto, quando é chegada a hora de mudar o caminho, essa mudança geralmente não é tão abrupta ou arbitrária como pode parecer se vista de fora.

O RENASCIMENTO DE UMA FÊNIX RARAMENTE É ALEATÓRIO

Para relações casuais, pode parecer que os multipotencialistas que seguem a Abordagem da Fênix estão espalhados por todo o mundo — transformando-se aleatoriamente por entre várias identidades profissionais. Veja a história que compartilhei no início do livro, quando encontrei por acaso minha ex-professora de atuação. Ela ficou confusa com a minha metamorfose, aparentemente arbitrária, da carreira de cineasta para a de advogada. Embora nossas várias encarnações possam parecer aleatórias e desconexas, muitas vezes há um porquê (ou porquês, no plural) comum subjacente a todas elas. Nesse caso, meu porquê tinha a ver com o amor por solucionar problemas. Acontece que sanar problemas faz parte tanto da produção de um filme quanto da resolução de casos jurídicos complicados.

Às vezes, uma experiência pessoal desafiadora pode inspirar um porquê, e esse porquê, por sua vez, pode moldar as áreas e carreiras específicas para as quais somos atraídos. Mariah Wilberg reinventou-se bem mais do que algumas vezes. Ela começou sua trajetória como facilitadora de workshops para prevenção da violência doméstica. Em seguida, passou a trabalhar na área de prevenção do tráfico de mulheres e exploração sexual. Em um ano, ela recebeu uma oferta de emprego em uma organização relacionada a HIV/aids, e agora atua como educadora e palestrante no setor de saúde há quatro anos. Quando conversamos, Mariah estava com vontade de dar uma sacudida nas coisas de novo. Ela não se sentia mais desafiada em seu trabalho e estava pensando em começar uma carreira na área de justiça criminal.

A maior reinvenção de Mariah, no entanto, não é nenhuma dessas movimentações que fez ao longo de sua carreira. Foi algo que aconteceu antes de tudo isso e é muito mais pessoal. Mariah lutou contra o vício em álcool e drogas no final da adolescência. Ela estava em um relacionamento abusivo e, por fim, foi morar nas ruas e acabou presa. Durante o tempo na prisão, Mariah passou a fazer um trabalho consigo mesma — começou terapia, escreveu um diário todos os dias e leu mais de cem livros de desenvolvimento pessoal — e a retribuir por tudo o que tinha com o voluntariado. Ela decidiu mudar sua vida e dedicar sua carreira a "ajudar as pessoas que escapam pelas fendas", assim como aconteceu com ela. Esse é o porquê de Mariah e informa *tudo* o que ela faz profissionalmente, desde a redução da violência doméstica até o ensino sobre questões relacionadas a HIV/aids e justiça criminal. Não importa a forma que seu trabalho assuma, ela faz tudo para ajudar aqueles que estão passando por problemas, sem suporte e recursos.

Consegue identificar alguns assuntos comuns que perpassam as várias funções, projetos e identidades que você teve ao longo dos anos? Cada transição o ajuda a explorar seu(s) motivo(s) de uma maneira diferente. O que nos leva à próxima pergunta: e se você estiver pronto para explodir em chamas e ressurgir das cinzas novamente?

COMO SABER O MOMENTO DE MUDAR DE ÁREA

Para um multipotencialista que adota a Abordagem da Fênix, um dos maiores desafios é saber quando dizer adeus a um caminho e seguir em frente. A autora e coach de negócios Pamela Slim desenvolveu uma técnica inteligente para determinar o momento certo de mudar de cargo, empresa ou setor. Ela chama esse método de "escala de aversão". Imagine uma régua que vai de 1 a 10. No 1, tudo está ótimo e você ama seu trabalho. No 10, você se sente mal só de pensar em entrar no seu ambiente profissional. Pense rapidamente sobre onde você está na escala agora em relação ao seu trabalho. Pam descobriu que, para a maioria das pessoas, o melhor momento para trocar está na faixa de 5 a 8 (o que ela chama de "faixa de angústia"). Se você esperar chegar na faixa de 9 a 10 (o ponto em que se sente exausto, doente e deprimido), provavelmente não terá uma saída muito elegante. Nessa altura, você pode estar tão desesperado para escapar que corre o risco de fechar portas, desistir precipitadamente de alguma coisa ou fazer escolhas de carreira duvidosas apenas porque a próxima lhe soa melhor. A maneira mais segura de saber onde você se enquadra na escala de aversão é se questionar regularmente e prestar atenção em como você se sente fisicamente[32]. Multipotencialistas experientes que seguem a Abordagem da Fênix conhecem bem a "faixa de angústia", que surge quando eles começam a procurar novas opções.

A palavra que os multipotencialistas costumam usar para descrever a consciência nascente de que é hora de ir adiante, mais do que raiva ou estresse intensos, é *tédio*. Você perde a paciência facilmente e descobre que não se sente mais animado ou desafiado. Talvez você tenha perdido o desejo de iniciar projetos, ao passo que, no passado, sempre teve ideias que queria apresentar ao seu chefe. Esses são alguns dos sinais de que é hora de pensar sobre a próxima fase de sua carreira e começar a preparar o terreno para uma transição.

EXPLORE O QUE ESTÁ AO SEU LADO ANTES DE SALTAR

É ao mesmo tempo lindo e dramático pensar em uma majestosa fênix explodindo em chamas. No entanto, quando se trata de nossas carreiras, o modelo mais saudável a seguir

---

[32] Como você está se sentindo? Pam descreve a sensação da seguinte maneira: "Fisicamente, você percebe que sua energia aumenta e diminui. Você tem alguns dias bons de muita energia quando faz as coisas acontecerem, mas, no geral, você se sente um pouco irritado ou muito estressado quando vai para o escritório".

é a versão do mito em que a fênix morre de maneira natural e se decompõe lentamente antes de emergir de novo. Portanto, em vez de pensar em sua transição como uma porta se fechando (ou batendo e explodindo em chamas), reflita sobre como você pode aproveitar ao máximo esse período de limbo. A maioria dos multipotencialistas que seguem a Abordagem da Fênix vai aumentando seu conhecimento, sua experiência e seus contatos paralelos aos poucos antes de saltar de uma carreira para outra. Estabelecer uma base antes de sair de um trabalho proporciona uma transição mais suave. Na verdade, explorar o que está ao seu lado muitas vezes é o que torna a mudança possível, pois o expõe a novas oportunidades profissionais.

REINVENTANDO-SE: DICAS PARA UMA TRANSIÇÃO SUAVE

Imagine que você está atuando em uma área que antes achava inspiradora. Você amava seu trabalho durante os primeiros anos — ele se encaixava em seus interesses, proporcionava muitas oportunidades de aprendizado e estava de acordo com seus porquês. Nos últimos seis ou doze meses, no entanto, você se tornou cada vez mais impaciente no trabalho. Tarefas que antes pareciam desafios divertidos agora são rotineiras e pouco estimulantes. E tem mais uma coisa: uma área diferente tem despertado sua curiosidade e levado você a aprender sobre ela há algum tempo. Você começa a pensar: *Talvez eu possa encontrar um emprego relacionado à minha nova paixão! Isso parece incrível.* Por onde começar? Como entrar em um setor no qual nunca trabalhou antes? E como você concorre com outros candidatos que possuem formação e experiência profissional nesse campo? Aqui estão seis estratégias para ajudá-lo a entrar em uma nova área.

1. Recorra à sua rede já existente

Quando se trata de conseguir um emprego, os relacionamentos são mais importantes do que o currículo. Não estou falando sobre nepotismo nem sugerindo que seu histórico não conta. Acontece que não há nada tão poderoso quanto uma recomendação pessoal de alguém em quem seu futuro empregador confia. Você conhece alguém que trabalhe nesse setor ou em um adjacente? Tem amigos que fazem conexões naturalmente, o que significa que conhecem muitas personalidades aleatórias e interessantes? Procure pessoas importantes em sua vida para ver quem pode ajudá-lo com uma apresentação ou recomendação.

2. Expanda sua rede

Frequente eventos relacionados ao seu novo interesse, assista a palestras e tente conhecer pessoas novas. Antes de continuar, deixe-me falar sobre o elefante na sala — vocês são os introvertidos. Entendo. Também sou introvertida. Fico desesperada no meio de multidões, e só a palavra networking já faz com que eu comece a estremecer. Mas sabe o que adoro? Aprender sobre outros seres humanos. Adoro ouvir histórias e entender o que motiva uma pessoa. É que prefiro fazer isso em um ambiente silencioso e individual, e não em uma movimentada sessão de networking. Se você for introvertido, eis minha sugestão: vá aos eventos, mas não demore. Enquanto estiver lá, misture-se. Você sempre pode ser franco e dizer como acha esse tipo de coisa estranho. Há uma boa chance de alguém ouvir, suspirar de alívio e dizer: *Eu também!* (Fiz alguns amigos dessa maneira.) Fuja quando ficar sobrecarregado e vá falar com alguém que você tenha conhecido e possa ser um amigo ou colega em potencial. Ofereça-se para levar a pessoa a um café ou, se morarem longe, sugira um encontro pelo Skype. A busca ativa de novos contatos pode ter um efeito profundo em suas oportunidades profissionais.

3. Faça trabalho voluntário

O voluntariado pode lhe trazer experiência prática, desenvolver suas habilidades e permitir que você faça uma retribuição por aquilo que tem hoje. Você conhecerá pessoas que estão trabalhando no setor. Elas sabem das vagas de emprego, podem servir como referência ou até mesmo contratá-lo um dia. Mariah é uma voluntária ávida. Neste momento, ela está atuando em um conselho de diretores e é voluntária ativa em quatro ou cinco causas ou agências diferentes. O voluntariado a coloca no lugar certo, na hora certa, e a conecta com as pessoas certas. Isso resultou em mais do que algumas ofertas de emprego.

4. Faça algum "trabalho gratuito"

Essa abordagem é especialmente eficaz se você deseja estabelecer uma carreira freelancer. Em seu livro *Recession Proof Graduate*, Charlie Hoehn defende a ideia de fazer algum "trabalho gratuito". Funciona assim: você procura um pequeno empresário com quem gostaria de trabalhar e se oferece para ajudá-lo gratuitamente. Depois de fazer um trabalho fantástico e encantar seu "cliente" com seu talento não remunerado, você propõe uma transição para um acordo remunerado (sem ressentimentos se não der certo).

Charlie recomenda fazer uma lista das pessoas com quem você desejaria trabalhar, enviar um e-mail para elas falando sobre algo que você acredita que poderia ajudá-las e, por fim, oferecer-se para fazer essa atividade sem custos. Apresentar-se requer pesquisa, especificidade e algum esforço inicial. Em um artigo para a *Forbes*, Charlie explica como abordou Ramit Sethi, autor best-seller do *New York Times*:

> Eu disse a Ramit: "Você é muito bom com vídeos, mas não faz vídeos o suficiente. Aposto que é porque é um trabalho realmente árduo e demorado, então, se você quiser gravar um vídeo, vou editá-lo e fazer o upload, e você não precisa ficar pensando nisso. E segue anexo um vídeo seu que já compilei. Você pode usá-lo como um teste para conseguir mais apresentações".

Essa foi uma oferta que Sethi não poderia recusar. Não tardou, então, para que os dois começassem a trabalhar juntos.

Como tornar sua oferta irresistível para a pessoa com quem você espera trabalhar? Posso dizer que tenho recebido e-mails assim ao longo dos anos. Costumo respondê-los negativamente, e o motivo é sempre alguma combinação dos seguintes tópicos:

- *A oferta não é específica ou não é algo de que precise de ajuda no momento.* Como exatamente vai ajudar? Você está se oferecendo para fazer algo que me interessa e que ainda não estamos fazendo?

- *Vai exigir muito trabalho da minha parte configurar ou treinar a pessoa em nosso sistema.* Você já fez isso antes? Como saber se posso confiar em você? Se está se oferecendo para ajudar com design gráfico, tem um portfólio on-line? Se quiser ajudar na redação, tem um blog em que eu possa verificar seu trabalho? Você já usou o WordPress antes?

- *Não sei quem é a pessoa.* Isso pode ser específico do setor, mas no Puttylike existem muitas oportunidades de envolvimento. Sei o nome das pessoas que comentam regularmente nas postagens do nosso blog ou oferecem conselhos nos fóruns. Se eu puder reconhecer seu nome, é mais provável que considere seus argumentos ao tentar me oferecer alguma coisa. Quando contrato pessoas para minha equipe, elas quase sempre são membros ativos e prestativos da comunidade. Pude perceber suas aptidões particulares (e personalidades incríveis) e as quero em minha equipe.

Resumindo: faça sua lição de casa, conheça seu público, ofereça algo valioso, certifique-se de que sua oferta não exija nenhum esforço inicial por parte da pessoa para quem você está oferecendo seu trabalho e (se possível) crie algum envolvimento primeiro.

5. Obtenha algum tipo de treinamento

Fazer um curso ou obter uma certificação pode ajudar a desenvolver suas habilidades, conectá-lo com pessoas que compartilham de sua paixão e fortalecer seu currículo. Algumas carreiras necessitam de licença e/ou requerem graus de estudo avançados. Se esse for o caso e fizer sentido do ponto de vista financeiro, inscrever-se em um programa acadêmico é certamente uma boa opção. No entanto, se a área pela qual se interessa não exige um diploma avançado, considere fazer aulas na sua região ou on-line.

6. Enfatize suas habilidades transferíveis

É fácil sentir quando você está em desvantagem ao se candidatar a um emprego em uma nova área. Uma maneira de competir com candidatos mais treinados e experientes é enfatizar suas habilidades transferíveis. Explique como suas vivências anteriores relacionam-se com o trabalho em questão. Em sua carta de apresentação para um cargo de assistente legal (para o qual ela não tinha experiência alguma), Mariah Wilberg descreveu as habilidades relevantes que ela utiliza em seu trabalho sem fins lucrativos: ela trabalha bem sob pressão, cumpre prazos apertados, está sempre de acordo com o orçamento, lida com clientes em situações muito delicadas e assim por diante[33].

---

33 Ela acabou sendo chamada para a vaga, mas, no fim das contas, decidiu seguir uma outra direção.

Ao recomeçar um trabalho em uma nova área, saiba que talvez você precise dar alguns passos para trás na sua "escada profissional". Seja humilde e esteja aberto ao aprendizado. Mostre entusiasmo. Você pode subir de cargo mais rápido do que imagina. Se os relacionamentos são superiores aos currículos, então com certeza o entusiasmo pode superar a experiência[34].

ADEUS ELEGANTE

Ao deixar um emprego para buscar uma nova aventura, provavelmente haverá pessoas que serão impactadas por sua saída. Tente honrar os compromissos que você assumiu e faça o que puder para tornar a transição o mais suave possível para aqueles que dependem de você, incluindo seu empregador, colegas de trabalho e clientes. Você pode avisar sobre sua saída ao seu chefe com uma antecedência razoável, ficar em seu emprego mais algumas semanas para concluir um projeto no qual estava trabalhando ou ajudar a treinar seu substituto, se apropriado.

---

34 Contanto que você não seja cirurgião.

EMPREENDEDORISMO EM SÉRIE

É óbvio que alguns seguidores mais atrevidos da Abordagem da Fênix querem ser seus próprios patrões. Como se chama um adotante da Abordagem da Fênix autônomo? (Finja que não viu o título desta seção.) Isso mesmo: um empreendedor em série! Trata-se daquele que abre um negócio, cresce até determinado ponto de lucratividade e, em seguida, se afasta um pouco — seja vendendo seu empreendimento, seja contratando pessoas para ajudar a administrá-lo. Então, começam uma nova empresa em um outro setor numa espiral repetitiva.

O empreendedorismo em série é um ótimo caminho para multipotencialistas que gostam de focar coisas somente até que comecem a ter algum impacto. Em sua essência, são solucionadores de problemas apaixonados e ferozmente independentes. Tina Roth Eisenberg, também conhecida como "suíça", é designer e empreendedora que lançou quatro empresas radicais: a série global de palestras mensais CreativeMornings, o aplicativo de tarefas TeuxDeux, a loja de tatuagens temporárias com design Tattly e um espaço de coworking chamado FRIENDS. Assim como os multipotencialistas adotantes da Abordagem da Fênix que conhecemos, que estabelecem suas novas carreiras antes de deixar as antigas, Tina é uma forte defensora de projetos paralelos. Todas as suas quatro empresas começaram dessa forma e cresceram organicamente até virarem negócios maiores. Você é um iniciante que sempre tem um projeto de algum tipo ao qual se dedica nas horas vagas? Talvez seja, no fundo do seu coração, um empreendedor em série.

Experimentando a Abordagem da Fênix

Você faz tudo sequencialmente, por natureza? Você realmente gosta de se concentrar em um assunto por determinado tempo? Vejamos como seria sua vida se adotasse a Abordagem da Fênix.

O QUE VOCÊ FARIA SE TIVESSE VÁRIAS VIDAS?
Suponha que você tenha dez vidas que lhe foram magicamente dadas e pode ser o que quiser em cada uma delas. O que você seria? Crie uma lista. (Você pode ter mais de dez vidas, se precisar.)

IDENTIFIQUE SUAS PRIORIDADES
Sublinhe de uma a três carreiras em sua lista as quais você esteja ansioso para explorar neste momento.

FAÇA UM BRAINSTORMING E PESQUISE ALGUMAS ESTRATÉGIAS PARA ENTRAR NESSE NOVO MERCADO
Para cada carreira que você sublinhou, pergunte-se:

• Conheço alguém que esteja envolvido ou conectado com esta área?

• Há algum evento futuro nesta área do qual eu possa participar?

• Onde eu poderia fazer trabalho voluntário?

- Posso fazer esse trabalho como freelance? Em caso positivo, há um pequeno empresário para o qual eu adoraria trabalhar de graça?

- Que nível educacional essa profissão exige? Há algum tipo de aula ou programa em que eu possa me matricular?

- Que habilidades já possuo e que podem ser úteis nesse novo contexto?

FAÇA UMA LISTA DOS POSSÍVEIS PROJETOS PARALELOS

Em uma nova página, liste todos os projetos paralelos em que você estiver trabalhando atualmente ou deseja iniciar. Algum deles pode se transformar em negócios? Você gostaria de monetizá-los?

QUE PROBLEMAS VOCÊ GOSTARIA DE CORRIGIR?

Uma das melhores maneiras de ter ideias de negócios é pensar sobre os problemas que você ou as pessoas ao seu redor estão enfrentando. Se a ideia de se tornar um empreendedor em série o atrai, compre um caderno e anote esses problemas nele, bem como as possíveis soluções que encontrar.

COMEÇANDO A AGIR

Se você está animado com a ideia de ser algo novo a cada poucos anos, decida entre uma a três pequenas ações a serem executadas esta semana para começar. Elas dependerão de sua situação, que é única, mas aqui estão alguns exemplos possíveis:

- Defina um alarme em seu telefone para amanhã, no meio do seu dia de trabalho. Quando ele tocar, pare um minuto para perceber como você se sente em relação ao seu próprio corpo. Onde você está na escala de aversão?

- Dê o recado para todos da sua rede. Diga às pessoas que você está tentando obter alguma experiência em <insira sua nova área dos sonhos aqui> e pergunte se elas teriam alguma oportunidade para você.

- Pesquise uma pessoa para a qual você trabalharia de graça e identifique algo que ela poderia estar fazendo/fazendo melhor e em que você poderia ajudar.

PONTOS-CHAVE DESTE CAPÍTULO

O modelo de trabalho da Abordagem da Fênix nos permite equilibrar o desejo de mergulhar fundo em uma área e a necessidade de experiências diversas. Veja o que abordamos neste capítulo:

- A Abordagem da Fênix significa trabalhar em uma única área por vários meses ou anos e, em seguida, mudar de marcha e iniciar uma nova carreira em uma área diferente.
- Este modelo é um bom ajuste para multipotencialistas sequenciais que gostam de explorar seus interesses um de cada vez.

- As carreiras da Abordagem da Fênix geralmente não oferecem muita variedade, mas podemos torná-las mais multifacetadas combinando a Abordagem da Fênix com outros modelos de trabalho.
- O caminho de alguém que adota a Abordagem da Fênix pode parecer disperso e aleatório se visto de fora, mas muitas vezes há um porquê comum subjacente a cada carreira.
- O momento certo de preparar o terreno para uma transição é aquele em que você começa a se sentir entediado. Não espere até estar tão infeliz que, só de pensar no trabalho, você já se sente mal.
- Procure uma transição harmoniosa, estabelecendo as bases para sua nova carreira paralelamente antes de mudar.
- Para entrar em um novo setor, experimente qualquer uma dessas dicas ou todas elas: busque sua rede de contatos já existente (e expanda-a, conhecendo novas pessoas), faça alguma atividade voluntária, trabalhe gratuitamente, dedique-se a algum curso, enfatize suas habilidades transferíveis.
- Caso seja autônomo, considere o empreendedorismo em série: a versão do trabalho autônomo da Abordagem da Fênix.

PARTE 3

OBSTÁCULOS COMUNS PARA MULTIPOTENCIALISTAS

MATANDO SEUS DRAGÕES

Viva! Agora você já conhece seus superpoderes e sabe com qual abordagem pode aproveitá-los melhor. Você é imparável!

Mais ou menos. Como você provavelmente já sabe, nós, humanos, temos a tendência de atravancar nosso próprio caminho. Somos excelentes em limitar nossos esforços, especialmente se forem profundamente importantes para nós. Nos próximos capítulos, discutiremos os maiores desafios com os quais precisamos lidar para construir uma vida em torno de nossas muitas paixões: a dificuldade com a produtividade e o espectro de inseguranças dos multipotencialistas. Não se preocupe, é totalmente possível superar esses obstáculos. Precisamos apenas das ferramentas certas.

8

SEU SISTEMA DE PRODUTIVIDADE PESSOAL

Como uma pessoa consegue focar várias coisas e avançar em todas elas? Como multipotencialistas, é realmente possível encaixar todas as paixões em nossa vida sem enlouquecer? E quanto à *porcaria* interna que acompanha nossos projetos importantes? Sabe? A procrastinação, a dúvida, a sobrecarga, a verificação crônica de e-mails... Como é que as pessoas conseguem terminar algo?

A produtividade é *uma ação que nos move em direção aos nossos objetivos*. Para muitos de nós, ela está ligada à nossa felicidade e até mesmo ao nosso senso de autoestima. Quando os dias escorrem por entre os dedos e, no fim deles, percebemos que fizemos muito pouco, parece que sofremos uma derrota. Já quando olhamos para trás e vemos tudo o que conseguimos fazer — assumimos o controle, direcionamos nosso foco e fizemos uma grande diferença em um projeto importante —, nos sentimos bem com nós mesmos.

A produtividade como virtude pode certamente ser superestimada e levada a um nível doentio. No entanto, não estou defendendo o excesso de trabalho, "trabalho pesado" ou mesmo uma eficiência excessiva. Esta seção é sobre ter as ferramentas de que precisamos para levar nossos projetos adiante e lidar com quaisquer obstáculos criativos, emocionais e logísticos que vão surgir.

UMA ABORDAGEM PERSONALIZADA

Desde o surgimento dos filósofos e dos intelectuais, o ser humano pensa e escreve sobre como ser mais produtivo. No entanto, a maioria dos conselhos sobre o assunto não é formulada tendo os multipotencialistas em mente. Isso não reflete ou considera nossa necessidade de variedade. Os aconselhamentos de produtividade orientados por especialistas geralmente defendem seguir um sistema rígido, e nós, multipotencialistas, necessitamos de uma abordagem flexível. Embora precisemos de espaço de manobra em geral, trabalhamos de maneira distinta. Todos somos motivados por diferentes incentivos e castigos. Alguns de nós gostam de planejar cada hora da semana com antecedência, enquanto outros se rebelam até mesmo contra a ideia de estruturar seus dias. Alguns de nós têm crises para começar a trabalhar, enquanto outros têm dificuldade em se desconectar e se sentem culpados por tirar uma folga. Conforme crescemos e vamos mudando, nossas estratégias de produtividade precisam evoluir conosco. Basicamente, cada um de nós precisa projetar (e às vezes redesenhar) nosso sistema de produtividade personalizado.

Em vez de adotar uma abordagem única para todos, vamos explorar uma série de ferramentas individuais. Algumas delas terão a ver com você; outras, não. Algumas talvez precisem ser personalizadas, e eu o incentivo a alterá-las conforme achar adequado. Experimente, aproprie-se delas, junte tudo e crie o *seu* sistema.

Para os multipotencialistas, a produtividade é muito mais do que apenas fazer algo. Precisamos ter certeza de que estamos trabalhando nas *coisas certas*, de que nosso cronograma permite realizá-las e que entendemos quando chega a hora de abandonar um projeto e seguir para o próximo. Por último, mas não menos importante, é necessário descobrir como focar, agir e realmente fazer as coisas acontecerem. As ferramentas deste capítulo estão separadas em quatro categorias amplas:

- Escolher o que focar
- Encontrar tempo
- Saber quando parar
- Dispor-se a fazer o trabalho

Vamos começar com um pomodoro[35]!

---

35 Esta informação fará sentido em breve.

ESCOLHER O QUE FOCAR

Um dos aspectos mais desafiadores de ser um multipotencialista é descobrir quais de nossos "potenciais" devemos desenvolver. Podemos fazer muitas coisas, mas provavelmente não todas de uma vez. E (prepare-se bem para ler este trecho) não podemos literalmente fazer *tudo*. Afinal, nosso tempo na Terra é finito. No entanto, ainda podemos experimentar muitas coisas durante uma única vida! Existe um vasto meio-termo entre fazer tudo o que houver sob o sol e fazer apenas uma coisa — e é nesse meio-termo que os multipotencialistas atuam.

Escolher o que fazer primeiro pode ser assustador. É fácil fixar-se na ideia de que seguir um caminho nos impede de ir atrás de qualquer outro (isso é o que nos foi dito durante toda a nossa vida). Às vezes, começamos novos empreendimentos com um aperto no estômago, sabendo que mais tarde poderemos rescindir nossa decisão e mudar de rumo. *Então, qual seria a vantagem de avançar com qualquer coisa?* Esses medos são suficientes para nos paralisar e nos deixar na inércia. A verdade é que escolher limita nossas opções, mas não tanto quanto achamos. As escolhas raramente são permanentes ou irreversíveis. Na verdade, as escolhas são plásticas: podem mudar mesmo enquanto as tivermos fazendo. Às vezes, podemos optar por três coisas ao mesmo tempo![36] Além do mais, se perdermos o interesse em algo, é porque conseguimos o que queríamos e é hora de abrir espaço em nossa vida para novas paixões e aventuras.

Não há como saber com antecedência o que acontecerá quando escolher seguir determinado caminho. Você pode se apaixonar pelo projeto escolhido por muitos anos. E também pode descobrir que seu interesse se dissipa rapidamente. Talvez esse empreendimento lhe apresente novos assuntos que são ainda mais fascinantes. O melhor que você pode fazer é ouvir seu coração e ter coragem[37]. A boa notícia é que, quanto mais você pratica, mais fácil é agir e deixar seu sentimento guiá-lo. Pode ser algo emocionante!

Por enquanto, precisamos tirar a gravidade da escolha, porque *não escolher* também é uma opção — muitas vezes com consequências muito mais penosas[38]. Quando estiver definindo um projeto, tente não pensar nele como um compromisso pesado. Você consegue imaginá-lo como uma investigação, como algo que está experimentando? Aborde seus interesses com um senso de curiosidade e admiração, e lembre-se de se divertir no caminho!

---

36 Três é apenas um número arbitrário. Há ocasiões em que podemos escolher muito mais coisas ao mesmo tempo, e outras em que só temos espaço para uma de cada vez. Vai depender do quanto esses projetos exigem e do que mais estiver acontecendo em nossa vida.

37 Eu sei, é um conselho irritante.

38 Não gosto de táticas que incitem o medo, então estou escrevendo uma nota de rodapé. No final da sua vida, você quer olhar para trás e maravilhar-se com todas as coisas incríveis que experimentou ou quer pensar em tudo aquilo que teve medo de tentar? Arrepender-se não é algo divertido, então vamos nos divertir fazendo as coisas agora.

Escolhendo seu elenco

Chegou a hora da festa. Faremos algumas escolhas agora. Pegue uma caneta e um pedaço de papel. Começaremos dividindo os projetos aos quais você poderia dedicar seu tempo em duas categorias:

1. Projetos prioritários. Nesta categoria, inclua aquilo com que você está animado e tem buscado ativamente. Podem ser projetos de trabalho, planos pessoais, matérias que está estudando, habilidades que está aprendendo, atividades de que gosta. Podem até ser objetivos mais amplos, como melhorar sua saúde ou fortalecer o relacionamento com seu parceiro.

2. Projetos que estão à espreita. Nesta categoria, inclua aquilo que o anima, mas que não está buscando ativamente. Relacione tudo o que você faz de modo ocasional, bem como projetos inativos e ideias ou atividades nos quais ainda não teve a chance de mergulhar. Novamente, pode ser qualquer tipo de trabalho ou projeto pessoal, assunto, atividade ou objetivo. Esta lista pode ser do tamanho que quiser. Na verdade, fique à vontade para deixá-la de lado depois de terminar o exercício. Sempre que algo novo atrair sua atenção, adicione-o à lista[39].

Você perceberá que incluímos apenas projetos que nos entusiasmam em qualquer uma das listas. Dispendemos tempo com muitas outras coisas — obrigações,

---

39 Eu costumava me referir a esse tipo de lista como uma "secundária", mas isso soa como se esses projetos estivessem inativos e você não tivesse de lidar com eles por um tempo. Entretanto, se seus projetos estão "à espreita", eles podem entrar em ação a qualquer momento. É uma metáfora mais reconfortante (e precisa) para multipotencialistas.

rotinas diárias, trabalhos menos inspiradores, lavanderia —, mas nosso objetivo no momento é ajudá-lo a progredir nos projetos que tocam seu coração. São eles que correm o risco de não ver a luz do dia. Precisamos encaixá-los em torno de nossas obrigações, rotinas e trabalhos menos inspiradores que não podem ser eliminados imediatamente de nossa vida.

E agora vamos voltar aos projetos mais emocionantes:

- Quantos projetos prioritários você tem atualmente em sua vida? Como já sabemos, algumas pessoas têm sucesso quando estão com dezenas de projetos em andamento ao mesmo tempo, enquanto outras se dão muito melhor com um número menor deles. Um bom ponto de partida é ter de um a cinco projetos prioritários simultâneos.

- Que sensação esse número lhe dá? Você tem andado sobrecarregado ultimamente? Tem estado um pouco inquieto e precisa de mais variedade? Você tem o número exato de projetos ativos em sua vida agora para se sentir vivo e equilibrado?

- Se você acha que pode ter muitos projetos prioritários em sua vida neste exato momento, pergunte-se se poderia deixar alguns deles à espreita. Se não consegue despender menos tempo em nenhum desses projetos atualmente, então talvez um deles chegue a um fim natural em breve? Se a resposta for negativa, trace um plano para deixar alguns deles à espreita o mais rápido possível.

- Se você sente que gostaria de priorizar mais projetos neste momento, dê uma olhada naqueles que estão à espreita. Escolha um da lista com o qual você gostaria de despender tempo e foco, talvez um com que já tenha lidado um pouco, e execute-o por meio deste divertido fluxograma:

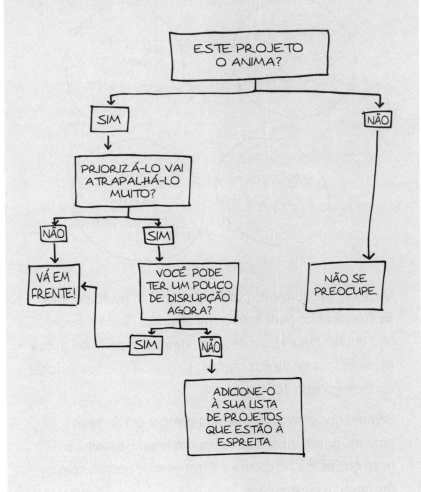

- Quando estiver satisfeito com o número de projetos em suas mãos, pegue uma nova folha de papel. Desenhe círculos para cada projeto. No centro de cada um, descreva-o em poucas palavras. Veja um exemplo.

- *Opcional*: pendure este pedaço de papel na parede ao lado de sua mesa ou onde estiver trabalhando. Dessa maneira, terá um lembrete visual de suas prioridades para que possa escolher facilmente os projetos prioritários que deseja focar em determinado dia.
- Sempre que estiver pronto para colocar um de seus projetos prioritários de lado por um tempo, escolha um novo que esteja à espreita e execute-o de acordo com o fluxograma apresentado.

E se você estiver MORRENDO de vontade de trabalhar em um de seus projetos que está à espreita?

Algum outro livro sobre produtividade pode lhe dizer que se concentrar em um a cinco projetos ativos é suficiente, que você deve focar e concluí-los antes de perder tempo com qualquer outra coisa. E esse conselho pode soar totalmente aceitável aos ouvidos de um especialista, mas não para um multipotencialista! Precisamos ser autorizados a explorar nossas inúmeras paixões: as ninharias que nos tiram o foco, as distrações e os novos fascínios. Podemos escolher não exercer essa liberdade, mas, sem essa opção, há chances de ficarmos facilmente ressentidos com nossos projetos prioritários. Dedicar-se a atividades não relacionadas também pode dar uma nova vida ao nosso trabalho e proporcionar pausas muito necessárias.

Então, em vez de manter nossos olhos fixos no palco, vamos deixá-los vagar um pouco. E, se vamos fazer isso — nos permitir brincar com todo e qualquer projeto emocionante que estiver à espreita —, é melhor definirmos alguns limites para nós mesmos. Não queremos perder completamente o jogo em si, pois isso também seria um grande problema. Queremos equilibrar a necessidade de investigação com o desejo de progresso.

Tempo dedicado a ajustes

Imagine receber um passe livre para ser totalmente feliz e improdutivo por determinado período. Você pode passar esse tempo explorando algo que o leve ou não a algum lugar, testando uma nova ideia, experimentando um meio original e até mesmo fazendo várias tarefas ao mesmo tempo. Não há motivo para que você não possa conceder a si mesmo essa liberdade. Decida por quanto tempo poderá se divertir desde que não seja por muito tempo. Você não quer ficar ansioso por negligenciar seus projetos prioritários. Recomendo quarenta minutos, embora você possa precisar de mais ou menos tempo, dependendo da natureza do(s) projeto(s) e de quanto tempo você realmente dispõe. Depois de decidir sobre isso, ligue um cronômetro e comece! Você pode dispor de algum tempo para fazer ajustes sempre que quiser, mas recomendo fazê-lo no final do dia, quando já tiver trabalhado bastante em um ou mais de seus projetos prioritários. Você pode até tratar o intervalo para ajustes como uma recompensa por todo o seu esforço.

Pontos-chave sobre como escolher o que focar

- Precisar escolher é algo assustador, mas as opções raramente são permanentes e não nos limitam tanto quanto pensamos.
- Quando você for atrás de um interesse, pense nisso como uma investigação em vez de um contrato com vínculo.
- Para ajudá-lo a decidir o que você deve focar, divida as coisas em duas categorias: seus projetos prioritários e seus projetos à espreita.
- Quando descobrir algo novo para explorar, adicione esse item à sua lista de projetos à espreita.

- Quando estiver pronto para aposentar um projeto prioritário, considere substituí-lo por um à espreita.
- Se você está morrendo de vontade de se envolver com projetos que estão à espreita, defina um tempo para se dedicar aos ajustes, cuidando para que não ultrapasse um dia inteiro. Sinta-se à vontade para realizar várias tarefas ao mesmo tempo, mergulhar em situações confusas e ser "improdutivo".

ENCONTRANDO A HORA

Agora que fizemos algumas escolhas, vamos descobrir como encaixar todos os nossos gloriosos projetos em nossa vida.

Quando trabalhar

Todo mundo tem determinados momentos do dia em que a mente está mais afiada e a energia, mais criativa. Devemos trabalhar em nossos projetos mais importantes durante esses instantes mágicos. Da mesma maneira, haverá períodos do dia em que é mais provável que tenhamos pouca energia e não consigamos fazer muita coisa. Para mim, isso acontece por volta das 16h. Posso me forçar a trabalhar se tiver um prazo importante pela frente ou se eu realmente precisar progredir em alguma coisa, mas meu cérebro fica muito mais lento.

Preste atenção em seu corpo. Como você se sente ao longo do dia? Comece a tomar nota de seus ritmos criativos e energéticos. Quando fica mais animado? Quando percebe que seu cérebro está morto? Existem tipos específicos de atividade que você gosta de fazer em diferentes momentos? Talvez seja melhor realizar o trabalho criativo pela manhã enquanto o trabalho administrativo ou colaborativo flua melhor à tarde. Ou talvez goste de ficar acordado até a madrugada e mergulhar em seus projetos depois que todos já foram dormir.

E agora um aviso rápido: não estou defendendo que você aguarde até a inspiração chegar para começar seus projetos, apenas que identifique os momentos do dia em que tende a estar mais afiado e tente alinhá-los com seu trabalho. A chave para a criatividade (e para o progresso em seus projetos) é vê-la como uma prática, ou seja, algo que fazemos regularmente para nosso próprio bem. Existem horas de iluminação divina, mas geralmente apenas se já estiver trabalhando em algo com regularidade. Muitas vezes, esperar que a inspiração simplesmente o atinja é só uma forma de resistência disfarçada. Falaremos sobre estratégias para derrotar esse monstro assustador mais adiante neste capítulo.

E quanto à agenda cheia ou inflexível?

Em um mundo ideal, seríamos capazes de alinhar nossos horários de trabalho com nosso ritmo energético e criativo todos os dias. Na realidade, a maioria de nós leva uma vida agitada. Temos obrigações que simplesmente não podemos negligenciar e relacionamentos que desejamos nutrir. Nem sempre conseguimos tocar nossos projetos nos momentos em que nos sentimos mais energizados. Se nossos horários não nos permitem trabalhar nos períodos ideais (ou nos dão muito tempo), então, em que momento devemos trabalhar em nossos projetos prioritários? A resposta é: sempre que pudermos[40].

Lori Stalter, contadora que virou projetista e, depois, proprietária de um negócio, construiu seu empreendimento no horário do almoço. Ela saía do escritório todos os dias ao meio-dia, dirigia até um parque próximo, sentava-se no carro e trabalhava ao ar livre. Mike Pumphrey, adotante da Abordagem de Einstein com um emprego bom o suficiente, tem se dedicado a seu blog de finanças pessoais todos os sábados de manhã nos últimos quatro anos! Ele levanta cedo, vai a um café de que gosta e passa algumas horas trabalhando nas postagens do blog e em seu boletim informativo publicado toda semana. É seu ritual semanal. Outras pessoas que se esforçam para ter sucesso em seus projetos comprometem-se a despertar cedo ou ficar acordadas por uma ou duas horas depois que todos forem dormir. Não é o ideal, mas talvez seja o melhor que você pode fazer agora[41].

Um dos objetivos deste livro é ajudá-lo a projetar uma vida profissional mais integrada, de maneira que você possa

---

[40] O mesmo conselho se aplica a pessoas que estão com problemas de saúde ou passando por períodos emocionais difíceis: trabalhe quando se sentir bem. E nesses casos, principalmente, tente não ser duro consigo mesmo por não ser "mais produtivo".

[41] Tenho percebido um fenômeno interessante entre muitos dos meus amigos que pediram demissão para buscar coisas que amam. Antes de encerrar o contrato de trabalho, eles aproveitam todo e qualquer momento disponível para se dedicar a seus projetos. Mas, depois de saírem, eles se perdem em um mar de tempo livre recém-descoberto. Têm o dia inteiro disponível e acabam desperdiçando tempo e sendo bem menos produtivos. Esses amigos aprendem aprendem a criar limites para si mesmos com o tempo, mas essa é uma lição interessante.

explorar seus superpoderes multipotencialistas e eliminar o máximo possível de trabalho insípido e desanimador. Esse processo leva tempo e experimentação e, às vezes, requer algumas fugas e transições. Tente concentrar-se em seus projetos prioritários quando estiver com uma energia mais criativa, mas, se tiver que se comprometer e trabalhar em momentos não tão ideais, faça isso. Crie rituais para você, como Lori e Mike, e utilize o tempo que reservou para realmente trabalhar com afinco em seus projetos.

Estruturando seu tempo

Existem muitas maneiras de estruturar seu tempo para que você consiga progredir em seus projetos prioritários. O método escolhido dependerá de vários fatores, incluindo se você está ocupado, se seus horários são flexíveis, dos seus níveis de energia ao longo do dia, da natureza de seus projetos e da profundidade com que gostaria de explorá-los. Aqui estão alguns métodos comuns que os multipotencialistas utilizam para estruturar seu tempo. Como sempre, fique à vontade para combinar ou modificar essas ferramentas.

Horários fluidos

Alguns multipotencialistas têm dificuldade em seguir um cronograma muito rígido. É aí que entra o horário fluido. Trata-se de uma abordagem intuitiva da produtividade, consolidada pela capacidade de se concentrar em um projeto por vez. É assim que funciona.

Digamos que você tenha algum tempo livre agora para trabalhar em seus projetos prioritários. Ótimo! Talvez tenha meia hora, quatro horas ou um dia inteiro. Independentemente de sua disponibilidade, comece levando em consideração seus projetos prioritários. Se você os pendurou na parede, basta olhar para cima. Em qual desses projetos você gostaria de trabalhar no momento? Você pode pensar qual é o projeto:

- em que você está mais a fim de trabalhar;
- mais urgente;
- que requer atenção, por qualquer motivo.

Depois que tiver feito sua escolha, dê início aos trabalhos! Ocupe-se exclusivamente desse projeto (não faça diversas atividades ao mesmo tempo) até perder o fôlego, terminar a tarefa em que estava trabalhando ou acabar o tempo.
Neste ponto, você pode:

- fazer uma pausa e voltar ao mesmo projeto;
- parar totalmente o trabalho;
- alternar para outro projeto prioritário (você pode, é claro, fazer uma pausa antes de mudar)

É isso aí. Toda vez que você estiver envolvido em um projeto e começar a perder o ânimo, faça uma pausa e continue trabalhando depois, pare ou vá para um novo projeto prioritário. Você também pode reservar algum tempo para ajustes se estiver realmente ansioso para brincar com um de seus projetos à espreita.

Preparar um cronograma

Alguns multipotencialistas gostam de planejar com antecedência e com diversos níveis de detalhes. *Todos* temos momentos em nossa vida em que poderíamos nos beneficiar de uma pequena estrutura extra. Normalmente, mantenho um horário flexível, mas, quando estou lidando com muitas demandas ou prazos, às vezes traço uma programação diária ou semanal. Ao criar um cronograma, você pode alocar tempo com antecedência para projetos específicos, fazendo com que se sinta mais confiante de que o trabalho realmente acontecerá.

Alguns multipotencialistas gostam de criar uma programação regular diária. Uma maneira divertida de fazê-la é usar o Modelo de Design da Vida Escolar, de Barbara Sher. Nele, você estrutura seu dia assim como um aluno faria, indo para aulas diferentes a cada momento — a diferença é que cada "aula" é um projeto distinto. Por exemplo:

9h-11h: escrever um romance para jovens adultos

11h-15h: criar uma consultoria

15h-15h40: horário de ajustes

Noites: aprender japonês

Fique à vontade para brincar com a duração de seus "períodos" e também com o número de projetos que você inclui em sua programação. Finalmente! Um horário escolar de acordo com suas condições.

Imersão em um projeto

Todos os anos, centenas de milhares de pessoas de todo o mundo escrevem romances de cinquenta mil palavras no mês de novembro. É o National Novel Writing Month (ou

NaNoWriMo)[42], uma oportunidade de *finalmente* tirar aquele manuscrito de dentro de si e fazê-lo com o apoio de uma comunidade. Minha amiga Rena Hundert e eu fomos inspiradas por essa iniciativa e decidimos experimentá-la em uma área diferente. Costumávamos tocar música na faculdade e sempre quisemos fazer um álbum juntas. Quase dez anos se passaram desde então, e a vida tomou seu rumo. Estávamos ocupadas com outros projetos (ela é comediante e improvisadora) e nos mudamos para lados opostos do continente. E, no entanto, nenhuma de nós parou de pensar nessa ideia. Um dia, quando eu estava visitando a família em Montreal, Rena e eu resolvemos pegar um mês (cerca de seis meses no futuro) e passá-lo escrevendo e gravando um álbum juntas[43]. Fizemos isso duas vezes nos últimos três anos, em diferentes cidades, e sempre temos uma vivência intensa e alegre. Nenhuma de nós quer tocar em uma banda em tempo integral, mas sim ter a *experiência* de estar em uma banda *um pouco*, ocasionalmente. O formato intensivo de um mês nos dá essa oportunidade. O fato de escrever um álbum ser uma atividade com um resultado específico e de nos darmos um prazo de um mês também ajuda a nos manter no caminho certo.

Você não precisa fazer nada tão intenso quanto gravar um disco ou escrever um romance em um mês para se be-

---

42 Em português, pode ser traduzido como Mês Nacional da Escrita de Romances. [N.T.]

43 Esta experiência resultou em um EP com cinco músicas, mas, independentemente da duração, conseguir terminar um álbum nos deu muito orgulho!

neficiar da abordagem imersiva. Dedicar algum tempo — um mês, uma semana ou até um fim de semana — a um único projeto é uma maneira poderosa de ter um progresso real.

Imersão estendida em um projeto

Como vimos no capítulo 7, alguns multipotencialistas são absorvidos em uma única área ou projeto por vários meses ou anos antes de mudar para um novo setor. Essa abordagem não é para todos, mas algumas pessoas se comprometem com contratos de seis meses ou ciclos de quatro anos. Se estiver na extremidade sequencial do espectro, talvez você precise se programar todos os dias. Sua configuração de trabalho ideal pode ser tão simples quanto se dedicar ao seu projeto prioritário até chegar ao seu ponto final pessoal.

Pontos-chave sobre como encontrar tempo

- Tente trabalhar em seus projetos prioritários durante as horas do dia em que tiver mais energia criativa.
- Se sua agenda não permitir isso, trabalhe sempre que puder. Levante cedo, fique acordado até tarde e utilize seu horário de almoço e fins de semana.
- Existem muitas maneiras de estruturar seu tempo de trabalho. Alguns multipotencialistas adotam uma abordagem fluida em relação aos seus horários, enquanto outros preferem se programar com antecedência.
- Por vezes, mergulhar em um único projeto por um período pode ser uma maneira eficaz de progredir nele.

- Se você tiver uma natureza mais sequencial, pode se beneficiar por não programar o seu dia, mas, em vez disso, focar inteiramente seu projeto prioritário.

SABER QUANDO DESISTIR

A palavra *desistente* tem um significado terrível. Desistentes são vistos como pessoas fracas, que se rendem quando as coisas se tornam difíceis. Ao contrário da crença popular, os multipotencialistas não desistem quando algo fica muito difícil, e sim porque justamente se tornou muito fácil. Quando não somos mais desafiados, perdemos o interesse e queremos explorar uma nova área.

O que parece ser uma desistência quando visto de fora pode, na verdade, ser a linha de chegada para um multipotencialista. Conforme explica Barbara Sher, os *scanners*, ou exploradores (também conhecidos como multipotencialistas), definem o fim de algo de maneira diferente da opinião pública. Para a maioria das pessoas, terminar significa atingir um ponto final externo, como obter um diploma ou devotar sua vida a um único caminho. É a definição de finalizar algo no estilo "até que a morte nos separe" (ou pelo menos "até que a aposentadoria nos separe"). *Os multipotencialistas, no entanto, terminam algo assim que obtêm o que procuram.* De acordo com Barbara,

> Quando você perde o interesse em algo, deve sempre considerar a possibilidade de ter conseguido o que queria; você completou sua missão. (...) É por isso que

você perde o interesse: não porque você seja imperfeito, preguiçoso ou incapaz de se concentrar, mas porque apenas terminou ali.

O ponto final pessoal

Você alcança seu ponto final pessoal assim que obtiver aquilo que estava perseguindo. "O que você estava buscando" pode ser a conclusão de um projeto ou algo mais individual, como adquirir uma habilidade, ter a sensação de dominar um assunto ou expressar-se de maneira criativa. Uma vez, uma aluna me disse que adora entender a "sintaxe" por trás de seus vários interesses. Ela gosta de mergulhar em um assunto, decifrar seus códigos e compreender como aquilo funciona — o padrão oculto, a linguagem e os scripts que estão em jogo. Depois de absorver essa sintaxe, ela se entedia. É aqui que ela atinge seu ponto final pessoal. Outra maneira de descobrir quando você chegou ao fim de algo é pensar sobre o(s) porquê(s) de isso ter acontecido. Se você perder o interesse, então há uma boa chance de o que o levou a esse assunto ser exatamente o que gostaria de ter experimentado ou alcançado, e agora está pronto para seguir em frente.

Ponto final pessoal vs. resistência

Ao se aproximar de seu ponto final pessoal, é provável que você comece a se sentir entediado. O tédio é a maneira que sua mente encontra para avisar que está na hora de deixar alguma coisa de lado e seguir adiante. No entanto, há outra força que pode causar sintomas notavelmente semelhantes de tédio e apreensão: a resistência. Ela é um poder interno cujo intuito é nos manter seguros. A resistência tenta nos impedir de sacudir as coisas e a assumir riscos (até mesmo riscos criativos). Suas intenções são nobres, mas ela realmente pode atrapalhar nossa capacidade de ação. Como o autor e historiador Steven Pressfield explica em seu livro *A Guerra da Arte*, a resistência pode assumir várias formas, incluindo medo, autossabotagem, procrastinação e autoaversão. E "quanto mais um chamado ou ação forem importantes para a evolução da nossa alma, mais resistência teremos em persegui-los".

Digamos que você comece a sentir que não tem mais desafios ou mais inspiração em relação a um projeto no qual está envolvido. Como saber se atingiu seu ponto final pessoal ou se o assustador monstro da resistência está simplesmente fazendo tudo o que pode para impedi-lo de trabalhar neste projeto profundamente importante?

O segredo para diferenciar essas duas forças é prestar atenção em como você se sente física e emocionalmente. A resistência e o ponto final pessoal agem de maneiras distintas em seu corpo. Em geral, a resistência chega rapidamente e é muito intensa. Faz você querer sair da situação em que está instantaneamente. Seu ponto final pessoal, entretanto, geralmente acontece por meio de uma consciência crescente de que você já aprendeu ou fez tudo o que precisava em determinada área, que basicamente *acabou ali*. Essa inquietação vem chegando devagar, e o fato de que estamos prontos para seguir em frente, em geral, é algo que tentamos rejeitar. Já a resistência é bem difícil de ser ignorada. Ela muitas vezes traz consigo medo, dúvida e ansiedade e, ainda assim, a empolgação e a paixão ainda se escondem sob a superfície. Quando atinge seu ponto final pessoal, você pode sentir medo (ele é uma companhia habitual das mudanças), mas a empolgação e a paixão pelo seu projeto geralmente já desapareceram.

Veja a seguir algumas dicas para ajudar a diferenciar um ponto final pessoal da resistência:

- Você tem uma sensação de empolgação além do tédio? Ou é realmente apenas tédio?
- Fica em pânico com relação ao seu projeto ou é mais uma sensação de dor entorpecente?
- O desejo de parar cresceu lentamente em você ou veio como uma onda?
- Você está se sentindo inseguro sobre si mesmo ou sobre sua capacidade em relação a esse projeto?
- Quanto desafio esse projeto lhe apresenta neste momento e quanto ele apresentava quando o começou? Está lutando consigo mesmo agora ou tudo ficou mais fácil (talvez fácil demais)?

Se você sentir alguma empolgação e pânico, se o desejo de parar algum projeto surgiu de repente, se você está se sentindo inseguro e/ou seu projeto agora tornou-se um desafio, então há uma boa chance de que você esteja lidando com a resistência. Segure-se e siga em frente com seu projeto. Se a sensação persistir por muito mais tempo[44], você sempre pode parar e fazer uma reavaliação.

---

44 Tenha em mente que a resistência nunca desaparece. Ela pode diminuir, mas possui uma tendência incômoda de aparecer de vez em quando, especialmente quando estamos fazendo coisas importantes e interessantes, como sair de nossa zona de conforto.

Pontos-chave sobre como saber quando parar

- Os multipotencialistas não desistem quando algo se torna muito difícil, mas, sim, porque ficou *fácil demais*.
- Para a maioria das pessoas, terminar algo significa atingir um ponto final externo. Nós, multipotencialistas, finalizamos as coisas assim que obtemos o que procuramos.
- Depois de obter o que queria, você alcançou seu ponto final pessoal.
- A resistência é a força dentro de nós que tenta manter as coisas como estão. Isso pode nos levar à procrastinação ou fazer com que nos autossabotemos.
- É fácil confundir resistência com o ponto final pessoal. Ambos produzem sentimentos de tédio, pavor, inquietação e medo.
- Para saber se você está lidando com a resistência ou um ponto final pessoal, preste atenção nas sensações do seu corpo. Com o tempo, você aprenderá a identificar os sinais para que possa decidir se vai se manter em um projeto ou se seguirá para uma nova aventura.

COLOCANDO A SI MESMO PARA FAZER O TRABALHO

Há uma grande diferença entre saber no que você deveria estar trabalhando e no que realmente deve *começar a traba-*

lhar. Esta última questão pode ser desafiadora, quase excruciante às vezes. Dá a entender que você precisa literalmente se enganar e trabalhar nas atividades que mais importam para você. Aqui estão algumas ferramentas para ajudá-lo a fazer um progresso consistente em seus projetos prioritários. Essas técnicas também são bons antídotos para a resistência.

Coloque-se em um estado emocional positivo antes de começar a trabalhar

Às vezes, você acorda viçoso, com brilho nos olhos e ansioso para se jogar em um projeto específico. Outras vezes, acorda sem qualquer impulso. Sabe aquele dia, depois de vários meses de projeto, quando você percebe que não quer mais ir correndo até sua mesa com todo o entusiasmo? Isso não significa necessariamente que não esteja interessado em continuar ou que não ama seu projeto. Pode apenas ser uma pista de que é hora de criar um pouco de *inspiração intencional* para si mesmo.

Para o melhor ou para o pior, as coisas que fazemos moldam nosso humor. Em particular, rotinas e rituais podem nos trazer uma espécie de inspiração reflexiva se estiverem vinculados à nossa criatividade. Algumas pessoas têm uma rotina matinal específica que ajuda a entrar em seu modo de criação. Outras têm rituais que são feitos um pouco antes do trabalho, independentemente da hora do dia. Aqui estão algumas ferramentas que você pode experimentar individualmente ou em combinação, como parte de um ritual pré-trabalho.

- Meditação: se você nunca meditou antes, comece ajustando um cronômetro para apenas cinco minutos. Con-

centre-se em somente uma sensação física. Pode ser inspirar e expirar ou ir sentindo cada parte do corpo enquanto você faz uma espécie de varredura da cabeça aos pés. Quando surgir um pensamento, reconheça-o e, em seguida, redirecione seu foco de volta para qualquer sensação física em que esteja imerso. Recomendo o uso de alguma ferramenta de meditação guiada, como uma gravação de áudio ou um aplicativo de meditação[45] quando estiver começando.
- Movimento: o exercício aumenta o fluxo sanguíneo e o oxigênio que vai para o cérebro, tornando mais fácil se concentrar. Pare de focar sua cabeça e entre no seu corpo por meio de alguma atividade física. Você pode torná-las intensas ou lentas, de acordo com a sua vontade. Caminhe, corra, nade, pratique exercícios, ande de bicicleta, faça ioga — o que for melhor para você. Bônus: você ficará cansado, então sentar-se em uma cadeira (se é isso o que seu trabalho exige) será um prazer, e não uma tarefa!
- Gratidão: ela, como prática, tem recebido muita atenção recentemente e virou uma espécie de palavra da moda. Mas há um bom motivo para tantas pessoas estarem falando sobre gratidão: pensar sobre o que você tem a agradecer realmente ajuda a melhorar o humor. Pense em dez coisas pelas quais você é grato. Melhor ainda: pense em maneiras pelas quais você é grato em relação a seus projetos/paixões/carreiras. Não se limite

---

[45] Gosto do aplicativo Headspace.

- a relacioná-los; na verdade, reserve um tempo e tente *sentir* a emoção.
- Visualização: pense em seus projetos prioritários, um de cada vez. Não repasse todas as tarefas que você precisa fazer. Em vez disso, concentre-se no quadro geral. Se estiver construindo um negócio de camisetas, imagine como se sentirá no dia do lançamento ou da primeira venda. Se estiver escrevendo um romance, visualize alguém lendo seu livro e ficando profundamente comovido. Você também pode pegar o exercício do Dia Perfeito do capítulo 3 e imaginar como será viver esse dia.
- Configurando seu ambiente: faça tudo o que for preciso para deixar seu ambiente propício à criatividade. Você pode limpar sua mesa, distribuir e organizar seus materiais, acender uma vela ou tornar seu espaço mais aconchegante.

Qual é a próxima pequena etapa?

É fácil ficar confuso ao pensar em tudo o que você precisa fazer em seus projetos. Em vez de se concentrar no quadro geral, direcione seu olhar para a próxima etapa imediata. Imagine que você está dirigindo um carro à noite de um extremo a outro do país. As luzes do veículo não precisam iluminar todo o trajeto para que você consiga chegar lá. Só é necessário enxergar cerca de sessenta metros adiante na escuridão para seguir em frente. Quais pequenas ações (de uma a três) você pode adotar agora para levar seu projeto adiante?

Defina um cronômetro

O cronômetro é provavelmente uma das ferramentas de produtividade mais subestimadas. A seguir, algumas boas maneiras de como utilizá-lo.

- Técnica pomodoro: foi desenvolvida pelo autor e empresário Francesco Cirillo no início da década de 1990. Cirillo usava um cronômetro de cozinha em forma de tomate, daí o nome "pomodoro". O método funciona dividindo seus projetos em *sprints* curtos, o que diminui a probabilidade de você se distrair. Veja como fazer:

1. Defina um cronômetro para vinte e cinco minutos e passe esse tempo trabalhando em um único projeto. Você acabou de completar um pomodoro.
2. Faça uma pausa de cinco minutos.
3. Repita as etapas 1 e 2. Quando completar quatro pomodoros, faça uma pausa de 25 minutos.

É simples assim. Você pode deixar seus pomodoros mais longos ou mais curtos ou modificar a estrutura para atender às suas necessidades. Às vezes, começo uma sessão de trabalho usando a técnica pomodoro e, depois de alguns deles, faço a transição para um período mais longo de foco sustentado e esqueço o cronômetro.

- Enlouqueça por cinco minutos: se você estiver com dificuldade para começar, defina seu cronômetro para cinco minutos e trabalhe como looooooouco em um de seus projetos. Pegue bem pesado. No final dos cinco minutos, permita-se parar. Você vai descobrir que, após quebrar o gelo, pode querer continuar trabalhando nele. (Mas tudo bem se você parar de trabalhar.)

- Técnica "O que acontecer primeiro": defina o cronômetro para determinado período de tempo e diga a si mesmo que pode parar de trabalhar assim que concluir uma tarefa específica ou que o cronômetro parar, o que acontecer primeiro. Utilizei essa técnica na faculdade de Direito enquanto tentava escrever um roteiro para a televisão ao mesmo tempo. Todos os dias, eu ajustava um cronômetro para quarenta minutos e dizia a mim mesma que eu poderia parar de trabalhar em meu roteiro logo que disparasse o alarme ou eu terminasse uma cena, o que viesse primeiro.

- Basta ligar o cronômetro: isso não precisa ser complicado. O tempo que você define no cronômetro não importa muito. O simples fato de ligar o cronômetro frequentemente já é suficiente para impulsioná-lo à ação.

Induzindo um estado de fluxo

Você já esteve tão imerso em um projeto que o mundo inteiro parecia se dissolver, restando apenas você e seu trabalho? Você se sentiu feliz, magnífico e calmo. Seu trabalho fluía com muita inspiração, como se os deuses da criatividade estivessem falando por meio de você. É possível que tenha olhado para o relógio e ficado chocado ao descobrir que apenas vinte minutos se passaram ou, inversamente, talvez horas tenham voado em um flash. O estado que estou descrevendo é o que o psicólogo Mihaly Csikszentmihalyi chama de *fluxo*. Ele define o fluxo, em seu livro *Flow: A Psicologia do Alto Desempenho e da Felicidade*, como "o estado mental no qual uma pessoa que realiza uma atividade está totalmente imersa em um sentimento de foco energizado, envolvimento total e prazer no decorrer dela". Em suma, ficamos mais felizes e produtivos quando estamos em um estado de fluxo.

Os multipotencialistas querem investigar, fazer e ser tudo. Mas nosso tempo é limitado. Aprender a induzir (ou pelo menos encorajar) um estado de fluxo de acordo com sua vontade é um grande trunfo. Devo dizer que, às vezes, eles acontecem sem esforço, mas podem ser também bastante elusivos. Quando você se encontrar em um estado de fluxo, preste atenção. Que tipo de hábitos, rituais e ambientes levaram você até ele? Com o tempo, esses elementos podem se tornar pistas para seu cérebro de que chegou a hora de trabalhar. Falando de mim, não posso ser nada menos que superprodutiva se estiver em um café pela manhã tomando uma xícara de chá quente. E, se eu precisar de um impulso extra, colocar fones de ouvido (sem música) é o suficiente. Estranho, não é?

Observe seus três "Cs"

Aprendi sobre os "três Cs" no livro *Focus*, de Leo Babauta, e esse é um conceito ao qual volto com frequência. Eis o princípio dos três Cs: a maioria das nossas atividades pode ser dividida em três categorias: *criar, conectar e consumir*. Criar envolve trazer algo novo à existência. Conectar-se envolve estender a mão a outras pessoas e pode incluir atividades como responder a e-mails ou postar em mídias sociais. Consumir é qualquer atividade que englobe pesquisa ou aprendizado. Pode consistir na leitura de livros ou artigos, assistir a filmes, ouvir podcasts e assim por diante. Todas as três categorias de atividades são importantes. Mas, para obter o máximo delas, você deve respeitar a regra de combinação: *as atividades de conexão e de consumo podem ser combinadas, mas nunca com a criação.* Isso significa que você pode verificar seu e-mail, ler seus blogs favoritos, ouvir podcasts e alternar-se entre os livros, tudo ao mesmo tempo se desejar. No entanto, não é eficaz combinar qualquer uma dessas atividades com atos de criação. Apenas crie.

FERRAMENTAS ESPECIAIS PARA DIAS DE PROGRESSO ZERO

Tem dias em que é difícil começar. Aqui estão algumas estratégias de bônus que ajudarão quando você estiver com dificuldade para fazer algo.

Reduza suas expectativas

Muitos de nós temos a tendência de fazer listas de tarefas intimidantemente longas para nós mesmos todas as manhãs. Quando falhamos, esses longos documentos podem fazer com que nos sintamos muito mal. Como o autor Chris Guillebeau aponta, "[nós] superestimamos o que podemos realizar em um dia, mas subestimamos o que podemos realizar em um ano". Em vez de escrever mil coisas que deseja terminar naquele dia, faça um acordo consigo mesmo de que, se conseguir realizar uma boa parte do trabalho em *um* de seus projetos prioritários, você estará pronto. Depois que terminar, você pode, é claro, continuar. Mas o resto é trabalho extra — e pronto!

Rastreie suas pequenas vitórias

Somos excelentes em ver todos os pontos em que falhamos, o trabalho que não conseguimos terminar e as coisas que deram errado. Não somos tão bons em perceber o que funcionou. Às vezes, temos até mesmo medo de fazer um balanço de nossas vitórias por receio de que apreciá-las vai, por si só, fazer com que desapareçam.

Existe uma razão evolutiva para isso. Estamos programados para perceber mais o negativo do que o positivo[46]. Pense nisso: se você está sempre procurando problemas que podem acontecer, sempre perceberá aquele leão à espreita na floresta ou estocará comida antes que uma tempestade chegue. O problema é que, assim como o monstro da resistência, essa resposta mediada pela evolução é frequentemente deslocada no terreno da criatividade. A capacidade de se concentrar no negativo não ajuda muito quando você está tentando seguir um novo projeto. A negatividade nos retarda e nos faz sentir mal sobre nosso progresso e sobre nós mesmos (porque tudo o que vemos é o pouco que con-

---

[46] Em termos científicos, isso é chamado de "viés de negatividade".

seguimos realizar). Isso nos impede de valorizar e desfrutar nosso trabalho.

Rastrear suas pequenas vitórias é uma maneira poderosa de combater a tendência natural para a negatividade. Funciona da seguinte maneira:

- Escreva um diário. Recomendo usar um pequeno para que as páginas sejam mais fáceis de preencher e você perceba menos os espaços em branco. Este é o seu "diário de pequenas vitórias" oficial. Use-o somente para isso. Guarde-o como sua vida[47].

- Anote suas pequenas vitórias sempre que elas acontecerem ou ao final de cada sessão de trabalho.

- Concentre-se em registrar *suas* ações em vez das respostas ou dos resultados que obtém de outras pessoas. Por exemplo, é melhor escrever "Eu apresentei um artigo para uma revista" do que "Meu artigo foi aceito por uma revista", porque assim você consegue perceber a *sua* ação e que *ela* é o fator mais importante. Você não pode controlar as reações das outras pessoas, mas pode controlar o que faz. Se sua ação por si só é vitoriosa, você vai se sentir inspirado a realizar ainda mais ações e obterá mais e melhores resultados.

- Obviamente, você também pode rastrear as vitórias que são resultado das ações de outras pessoas.

---

[47] Brincadeira. Compartilhar suas vitórias é algo incrível.

Você só não deve esperar por elas antes de registrar uma conquista. Então escreva: "Lancei meu primeiro produto!" antes e, em seguida, pode adicionar: "Fiz muitas vendas!".

- Nenhuma vitória é pequena demais. Nós o chamamos de diário de pequenas vitórias por um motivo. Se sentir que não conseguiu fazer nada naquele dia, desafie-se dizendo a seguinte frase em voz alta: *Ok, sinto que não fiz nada hoje, mas, se eu precisasse ter três pequenos ganhos, quais seriam eles?* É muito comum que suas vitórias sejam mínimas no início ou não se pareçam com vitórias para você. Digamos que não atingiu sua meta de mil palavras para o conto que está escrevendo. Você escreveu uma página? Meia página? Ótimo, anote isso. Você praticou violão por dez minutos? Essa é outra vitória. Se rastrear seus pequenos ganhos, em algum momento eles começarão a crescer e você será capaz de olhar para trás e ver como chegou longe.

- O melhor momento para rastrear suas pequenas vitórias é quando você começa a explorar um assunto totalmente novo. Nos estágios iniciais, é comum se sentir desconfortável com sua falta de habilidade ou desanimado com o monte de trabalho à sua frente. Perceber e comemorar algumas pequenas vitórias pode realmente ajudar a manter seu ânimo para que você continue avançando.

Consiga um companheiro de responsabilidade

Tudo fica mais fácil quando você não está sozinho. Encontre um amigo solidário que esteja indo atrás de seus próprios projetos ou objetivos. Reúnam-se a cada duas semanas para conversar sobre como seus projetos estão progredindo e façam um brainstorming sobre quaisquer problemas que surgiram desde a última vez em que conversaram. No final de cada reunião, estabeleçam algumas metas para si mesmos. Torne essas metas gerenciáveis e digam uns aos outros quando vocês as completarão. Quando seu amigo atingir os objetivos dele, parabenize-o. E, se ele falhar, não torne esse momento difícil. Você provavelmente descobrirá que se comprometer com algo diante do seu companheiro de responsabilidade é o suficiente para motivá-lo. Você conhece alguém que daria um bom companheiro de responsabilidade? Gaste de cinco a dez minutos fazendo um brainstorming e anote alguns nomes de pessoas com as quais poderia entrar em contato para isso.

E SE TUDO FALHAR...

A maioria das ferramentas deste capítulo pode ser utilizada para combater o irritante monstro da resistência. Aqui estão algumas questões extras para quando você estiver realmente se sentindo preso.

Libere seus sentimentos

Se você está lidando com muita resistência, provavelmente há algumas emoções muito intensas crescendo debaixo da superfície. Você pode estar sentindo medo, raiva, estar chateado, preocupado, ansioso, irritado, triste ou todas as opções anteriores. Coloque essas emoções para fora. Você pode fazer o seguinte:

- Ter um acesso de raiva. Não estou de brincadeira, você realmente pode fazer isso. Encontre um lugar onde possa ficar sozinho (fale com qualquer membro da família ou colega de quarto desavisado por perto) e então faça o que precisar: grite, bata o pé, soque um travesseiro, amaldiçoe o mundo. Faça com que tudo soe dramático! Você provavelmente descobrirá que, depois de alguns minutos fazendo isso, suas emoções intensas começam a diminuir. Você pode até começar a rir do completo absurdo em que o não-sou-capaz--de-escrever-aquele-poema o transformou.
- Escreva um diário. Escreva livremente. Não se autocensure[48].

---

[48] E não use seu diário de pequenas vitórias para fazer isso!

DÊ UM TEMPO

Se simplesmente não estiver conseguindo trabalhar, faça uma pausa. Dê um passeio, saia de casa, mexa o corpo. Você também pode dedicar algum tempo para fazer ajustes e "trapacear" seus projetos prioritários com outros trabalhos "menos sérios". E, obviamente, pode fazer uma pausa e não fazer simplesmente nada. As sonecas são fantásticas para isso, assim como ver filmes. Qualquer pausa faz parte de um jogo justo desde que o ajude a sair de sua cabeça e a recarregar as baterias.

COMEÇANDO A AGIR

Chegou a hora de montar seu próprio sistema de produtividade pessoal. Reveja este capítulo e escolha cinco técnicas para testar. Consulte seu kit prático de ferramentas de produtividade! Quando estiver se preparando para trabalhar ou sentir que está travado, volte a essas técnicas e experimente-as. Modifique-as conforme necessário ou troque-as por outras deste capítulo se não estiverem dando resultado para você. Estratégias diferentes funcionam para pessoas diferentes, então investigue e se aproprie delas.

9

O MEDO, A CONFIANÇA E COMO LIDAR COM PESSOAS QUE NÃO NOS ENTENDEM

O que realmente impede que os multipotencialistas se desenvolvam? O que nos trava de acessar nossos superpoderes, explorar os cantos e recantos de nossos interesses e dar vida a nossos projetos maravilhosos? Um obstáculo é a falta de recursos de carreira. Não aprendemos a mecânica de como os multipotencialistas constroem carreiras multifacetadas e sustentáveis. Outro empecilho são os horários e a logística: aquela irritante questão de *tempo*. Mas o terceiro desafio, mais sutil e frequentemente mais sufocante para os multipotencialistas, é a dúvida que, às vezes, temos por viver em um mundo que não reconhece nossos pontos fortes (ou mesmo nossa existência). Podemos ser nossos piores inimigos. Colocamos nossas ideias de lado. Nós nos questionamos. Deixamos o medo de ser julgados nos manter presos a carreiras que não nos servem mais e a identidades que não nos cabem mais.

Talvez você tenha crescido em um ambiente em que sua multipotencialidade foi nutrida e celebrada ou talvez você tenha tido uma experiência oposta. É possível que tenha enfrentado (ou ainda enfrente) uma tremenda pressão de sua família para se especializar em uma única área. Mesmo que as pessoas em sua vida não tenham feito isso, essas influências estão por toda parte em nossa cultura, e a maioria de nós internalizou essa mensagem de alguma maneira. Tais crenças podem ser mais prejudiciais do que obstáculos "reais", como tempo e dinheiro. Neste capítulo, vamos abordar as mais difundidas inseguranças dos multipotencialistas e discutir estratégias para lidar com os críticos internos e externos que ameaçam nos impedir de abraçar nossa pluralidade. Certifique-se de voltar a este tema no futuro sempre que estiver enfrentando dúvidas e ansiedades, pois é quando essas mensagens realmente ressoam.

O CHAMADO ESTÁ VINDO DE DENTRO DE CASA!

Em geral, as vozes dentro de nós são as mais cruéis. Tenho esperança de que, ao descobrir que você é um multipotencialista, eu tenha ajudado a silenciar algumas das dúvidas e conversas internas indelicadas que possam ter existido dentro de você anteriormente. Mas é normal que inseguranças de longa data surjam de vez em quando, mesmo que tenhamos abraçado nossa multipotencialidade por um longo tempo. Vamos repassar algumas das "aflições" mais comuns dos multipotencialistas e encontrar maneiras de responder ao nosso incômodo crítico interno.

AFLIÇÃO DOS MULTIPOTENCIALISTAS Nº 1: CULPA E VERGONHA

Pode ser devastador perceber que você alcançou seu ponto final pessoal em relação a algo que amava antes. Você pode ter investido incontáveis horas, suor, lágrimas e dinheiro nisso. Talvez até tenha pensado que aquilo era A Coisa. Quando perde o interesse, fica com uma dolorosa percepção de que Você Estava Errado.

Estive nessa posição muitas vezes. Meu entusiasmo pela música foi embora aos meus vinte e poucos anos e me senti completamente perdida: *sem música, quem sou eu? Todo mundo me conhece como musicista. Eu me vejo como musicista. Como posso ter perdido o interesse pela música? Não sei mais quem sou!* Tive sentimentos semelhantes quando meu interesse por filmes esmaeceu e quando fiquei entediada com o Direito. Ao passar por essas emoções, você ficará preocupado em ter se decepcionado e pode ser que se sinta profundamente perdido, culpado e envergonhado. Também ficará se lamentando pelos bons momentos que você passou e pela paixão que não existe mais.

Como lidar com essas inseguranças

Aqui estão alguns lembretes para quando estiver sentindo vergonha, culpa e angústia existencial de perder o interesse por algo que antes você adorava:

1. Você é um multipotencialista, então essas mudanças de direção fazem todo o sentido. Você não precisa se sentir culpado por seguir em frente, porque isso é o que os multipotencialistas fazem. Permanecer em uma área por culpa é como ficar em um relacionamento com alguém que você não ama mais porque tem medo de magoar a pessoa. Ao contrário de um relacionamento, no entanto, a única pessoa que você está machucando, nesse caso, é você mesmo[49].

2. Há mais emoção por vir. Deixar algo ir embora o libera para que possa seguir adiante em sua próxima aventura maravilhosa. Você vai adquirir novas habilidades e as levará para cada novo setor que explorar. Sua vida será mais interessante e, por não se deixar ficar preso em uma área que já superou, conhecerá muitas pessoas incríveis.

3. Você não é o que você faz. As mudanças não precisam acabar com seu senso de identidade. Você não é seu meio. *Você não é o seu trabalho.* Você é maior do que

---

[49] Isso não é totalmente verdade. Você também prejudica as pessoas com quem potencialmente entrará em contato em seu próximo empreendimento, privando-as de suas ideias, habilidades e presença.

"músico", "professor" ou "engenheiro elétrico". Você é uma pessoa completa, independentemente do seu título (ou mesmo que não tenha nenhum).

4. Ajuste suas expectativas. A partir de agora, tente iniciar suas buscas com expectativas adequadas. Você sabe que é um multipotencialista, então não alimente um novo interesse com uma mentalidade de "É disso que eu precisava!". É mais construtivo dizer a si mesmo que você vai "experimentar algo" por um tempo e ver aonde isso o leva.

Conforme você vai ficando mais confortável com sua natureza mutável começará a ver as transições como empolgantes e necessárias em vez de eventos vergonhosos e destruidores de identidade. Você vai perceber que tudo o que experimentou, criou e aprendeu ainda está com você, fortalecendo sua capacidade de entrar em novas áreas com uma perspectiva mais complexa e diferenciada.

AFLIÇÃO DOS MULTIPOTENCIALISTAS Nº 2: O DESCONFORTO DE INICIAR TUDO DE NOVO E DE NOVO

Os multipotencialistas geralmente são iniciantes. E o iniciante quase sempre quer ser e fazer muitas coisas diferentes. Muitos de nós adoram aprender — podemos até ser alunos bastante eficientes —, mas mesmo o multipotencialista mais autoconfiante pode se sentir vulnerável e desconfortável nos estágios iniciais de uma busca. Começar algo novo não é confortável. É fácil desejar que pudéssemos apertar o botão de adiantar e passar para a parte em que pelo menos pareçamos ser competentes!

Como enfrentar essa insegurança

Veja a seguir algumas iniciativas para diminuir o desconforto dessas primeiras curvas de aprendizado:

1. Perceba que a mediocridade é o primeiro passo necessário. Ser ruim em alguma coisa é parte do processo para se tornar bom (e ótimo) em algo[50]. Isso pode parecer óbvio, mas é fácil esquecer que a incompetência é uma etapa necessária do processo. É fácil declarar-se prematuramente como "ruim em desenho" ou "ruim em ciências". Você só precisa de mais tempo. É como o cachorro Jake, do desenho *Hora de Aventura*, diz: "Ser ruim em alguma coisa é o primeiro passo para se tornar meio bom em alguma coisa".

2. Acompanhe suas pequenas vitórias. No capítulo anterior, falamos sobre como pode ser motivador perceber e comemorar as pequenas vitórias, colocando-as

---

50 Confira a ideia de *"Shitty first drafts"* ("Primeiros rascunhos de merda", em tradução livre), de Anne Lamott, em seu maravilhoso livro *Palavra por Palavra*, para obter algum apoio terapêutico.

em um diário. Isso é especialmente verdadeiro quando você está aprendendo alguma coisa. Cada vez que entender um conceito ou fizer um mínimo de progresso, escreva-o. Observar suas pequenas vitórias ajudará a levantar seu ânimo e a mantê-lo motivado para que possa continuar aprendendo.

3. Trabalhe com períodos mais curtos, mais frequentes. Isso o ajudará a fazer com que as novas informações entrem mais rapidamente em seu cérebro e na memória muscular. Períodos de trabalho mais curtos também evitam que você fique muito frustrado. Quando minha cadela, Grendel, era apenas uma cachorrinha, ela queria muito responder aos meus comandos, mas seu cérebro simplesmente não conseguia descobrir o significado das frases que eu dizia, como "Deita!" e "Fica!". Se trabalhássemos com esse treinamento por muito tempo, ela ficaria desanimada, distraída e desistiria. Então, fizemos incrementos de cinco a dez minutos, uma ou duas vezes por dia (com muitas guloseimas), e, finalmente, ela conseguiu entender tudo.

4. Seja gentil consigo mesmo. E por falar em guloseimas, outra lição que aprendi com o treinamento de cães é que o reforço positivo é muito mais eficaz do que a repreensão. Agora que parei para pensar nisso, percebo que todos poderíamos aprender muito com o treinamento de cães. Trate-se como uma criaturinha confusa, mas bem-intencionada. Seja gentil e paciente, comemore suas pequenas vitórias, evite se rebaixar e coma um biscoito de vez em quando.

AFLIÇÃO DOS MULTIPOTENCIALISTAS N° 3: O MEDO DE NÃO SER O MELHOR

Uma das preocupações mais comuns dos multipotencialistas é que nunca estaremos à altura de especialistas que trabalharam em determinada área por décadas. Essa voz interior soa mais ou menos assim:

- *Por que alguém contrataria a mim, um ex-chef, como gerente de projetos se pode contar com alguém que está no setor há anos?*
- *Por que alguém iria querer trabalhar com um médico que também é dançarino profissional, quando poderia encontrar um obcecado por medicina desde os cinco anos de idade?*

Como enfrentar essa insegurança

Já sabemos que os multipotencialistas têm um valor incrível e único[51]. Eles possuem superpoderes e muitas vezes são bem recompensados por sua criatividade e uma combinação única de habilidades. Então, quais seriam algumas das

---

[51] Consulte o capítulo 2.

respostas para aqueles momentos em que você fica se preocupando se está ou não à altura de algo?

1. Ser eficaz é mais importante do que ser o melhor. Seus clientes estão satisfeitos com seu trabalho? Seu chefe está contente? Bem, então você cumpriu sua missão. O resultado do seu trabalho deve ser sua entrega, e não chegar ao topo de sua área[52]. Não se preocupe com o que outras pessoas estão fazendo. Concentre-se em dar tudo de si e deixar o seu público — seja lá quem ele for — realmente feliz.

2. É realmente impossível ser o melhor. Mesmo que dedique sua vida a uma disciplina, provavelmente nunca será o número um nessa área. Sempre haverá alguém mais habilidoso e alguém menos habilidoso — assim é a vida. Buscar algo com o objetivo de ser melhor do que todos os demais o coloca contra as pessoas e cria uma atmosfera em que você está constantemente se comparando aos outros e se julgando. Pensar assim também é uma espécie de armadilha narcisista. É muito mais útil se concentrar no desenvolvimento de sua proficiência na medida em que isso seja profissionalmente útil ou pessoalmente significativo.

3. Isso pode ser um problema de marca. Se descobrir que as pessoas estão escolhendo especialistas em vez de você, apesar de você fazer o trabalho tão bem quan-

---

[52] Não há problema em se preocupar em subir na hierarquia, mas a prioridade deve ser a qualidade do seu trabalho. E, de qualquer maneira, uma entrega maior do que o esperado pode, de fato, ser seu caminho para subir de cargo.

to eles, talvez você não esteja explicando seu valor de forma eficaz. Seja em uma entrevista de emprego, seja escrevendo algo para seu site, concentre-se em como resolverá os problemas dos clientes, no que você pode fazer por eles. Explique como as diferentes partes de sua formação eclética fazem com que seja o melhor no trabalho que está realizando. Enfatize suas habilidades transferíveis. Talvez trabalhar em uma creche tenha lhe ensinado a lidar com grupos e como manter a atenção deles, e esse talento o tornará um guia turístico melhor. Ou talvez você tenha aprendido a pegar um problema complicado e resumi-lo em um artigo digerível quando era jornalista, e isso significa que será ótimo em escrever atualizações rápidas para as redes sociais. Torne essas conexões explícitas e enquadre seu valor no que se refere às necessidades da pessoa que você está tentando impressionar.

4. Você é um especialista até que alguém diga o contrário — e geralmente ninguém diz isso. Eis aqui um segredinho: não existe uma Associação Nacional de Especialistas, que distribui distintivos somente para os verdadeiros mestres e expõe os amadores como falsos. O fato é que a maioria dos empregadores e clientes em potencial está procurando pessoas que entendam seus problemas específicos e possam fornecer soluções. Se você se apresentar com confiança e vincular suas habilidades a resultados concretos, as pessoas certas vão querer trabalhar com você.

AFLIÇÃO DO MULTIPOTENCIALISTA Nº 4: SÍNDROME DO IMPOSTOR

A síndrome do impostor é a crença de que, no fundo, você é uma fraude, que não deveria estar naquele lugar e um dia todos vão acordar e perceber isso. O engraçado sobre a síndrome do impostor é que ela tende a piorar, e não melhorar, à medida que oportunidades e sucessos maiores surgem em nosso caminho. Quando minha palestra TED foi apresentada no TED.com, fiquei exultante. Nas semanas seguintes, recebi elogios e sinceros agradecimentos — e-mails e mensagens incríveis do mundo inteiro. E tudo que eu tinha vontade de fazer era me esconder embaixo da minha cama. *Todos eles pensam que sou muito inteligente, mas e se minhas ideias forem um lixo absoluto?! E se eu for uma enorme mentira?! Nem tenho credenciais!!!* Com o tempo, quando comecei a ver o impacto que meu trabalho estava tendo na vida das pessoas e me concentrei em novos projetos, passei a ter fé em mim novamente. E acredite: minha síndrome do impostor voltou à tona — talvez até mesmo durante o processo de escrita deste livro[53]. *E se o editor estivesse errado sobre mim e achassem que este manuscrito é terrível e exigissem que eu devolvesse meu adiantamento?!* Acho que você pegou a ideia.

---

[53] Piscadinha, piscadinha, cutucadinha, cutucadinha.

Como enfrentar essa insegurança

Eis aqui algumas maneiras de lidar com a fantasia desanimadora da síndrome do impostor:

1. Se você fosse realmente um impostor, não teria a síndrome do impostor. Impostores são pessoas mentirosas, empenhadas em enganar os outros e lucrar com esse engano. Tenho certeza de que você não é nada disso. Você não está tentando trapacear ninguém. Está apenas tentando fazer um bom trabalho, e o esforço para criar algo novo sempre inspira incerteza. Certa vez, o filósofo Bertrand Russell escreveu: "O problema do mundo é que os estúpidos estão cheios de certezas, e os inteligentes estão cheios de dúvidas". *Se você ocasionalmente duvida de si mesmo, considere isso um sinal de que você é um dos bons.*

2. Foque o trabalho em si. A síndrome do impostor geralmente surge quando ficamos preocupados com o que os outros podem pensar ou dizer sobre nós. Em vez de se concentrar na percepção dos demais, volte ao trabalho. Mostre, por meio de suas próprias ações, que sabe o que está fazendo. Transforme a negatividade e o medo que estão em sua cabeça em ação.

3. Todo mundo se sente assim às vezes. Bem, ok, nem todo mundo. Como acabamos de discutir, os vigaristas provavelmente não experimentam a síndrome do impostor. Mas toda pessoa bem-intencionada que busca algo importante para ela tem a sensação de que aquilo não lhe pertence algumas vezes. Como diz o povo, tente não se comparar com outras pessoas. Se estiver em

uma sala com vários de seus colegas, garanto que não é o único a sentir que houve um grande erro e que, na verdade, não deveria estar lá.

ENFRENTANDO SEUS CRÍTICOS EXTERNOS

As inseguranças dos multipotencialistas nem sempre se originam dentro deles. Às vezes, nossas ansiedades surgem como uma reação a uma voz externa: pais preocupados, um colega confuso, um professor arrogante. Todo multipotencialista sabe como é compartilhar um novo interesse com outra pessoa e receber de volta um olhar vazio ou de desaprovação:

- "Você está indo à escola para se tornar um terapeuta esportivo? Mas achei que você estava feliz naquela empresa de tecnologia. Parecia um bom trabalho."
- "Você se formou em artes, então por que diabos iria querer ter aulas de matemática?"[54]
- "Você conseguiria parar de fazer bagunça com todas essas ideias diferentes e se comprometer de verdade com alguma coisa?"

---

54 Essa história é verdadeira.

As respostas negativas à nossa pluralidade vão desde as genuinamente confusas, mas bem intencionadas, até aquelas francamente desagradáveis e críticas. Discutiremos algumas estratégias para lidar com as pessoas em nossa vida que não entendem ou aprovam nossa multipotencialidade.

Quem é seu público?

Em primeiro lugar, pergunte a si mesmo quem é esse "crítico". A pessoa é um amigo próximo ou parente, um conhecido ou alguém com quem convive profissionalmente? Qual é o seu nível de preocupação em relação ao seu relacionamento com essas pessoas? Trata-se de uma força positiva em sua vida? Se a desaprovação vier de seu pai, um amigo próximo ou alguém cujo relacionamento você valoriza, vale a pena tentar ajudá-los a entender o que está acontecendo com você. Se for apenas um conhecido ou alguém com quem você não se importa muito, pode ser mais fácil (e mais agradável) não se explicar ou buscar a aprovação dessa pessoa.

Assuma que você é um multipotencialista

Se você decidir que a pessoa vale seu tempo, tente ajudá-la a compreender o que significa ser um multipotencialista. Esclareça que explorar assuntos diversos e ter muitos projetos diferentes é a base do que *você é*. Dessa maneira, ela não ficará tão confusa da próxima vez que você embarcar em algo novo. Talvez até pergunte que coisas legais você tem feito. Se quiser explicar o que significa ser multipotencialista, mas sente que não tem as palavras certas ou não quer se envolver diretamente, pode encaminhá-la para ter a acesso a outros recursos sobre multipotencialistas, como livros, artigos ou palestras TED[55].

Transmita confiança

Você pode falar sobre sua multipotencialidade de várias maneiras. Uma delas é gaguejando, encolhendo os ombros e (em tom de desculpas) dizendo algo como: "Hum, estou fazendo isso... Ah, e também isso... E, sim, essa outra coisa também...". Outra forma é compartilhar seu entusiasmo por seus projetos e falar com confiança[56]: "Bem, agora estou envolvido em _____. (Ponto-final.) Também estou *muito* animado com _____! E, quando tenho um tempo livre, estou começando a _____". Tente evitar se restringir ou se desculpar por seus projetos. Se você transmitir confiança, será menos provável que as pessoas o julguem ou questionem. Elas vão perceber seu entusiasmo e podem até se espelhar em você e pedir que conte mais sobre seus projetos incríveis.

Dê um tempo para que aceitem

Fiz questão de perguntar a cada pessoa que entrevistei para este livro sobre sua criação. Elas tiveram pais apoiadores que aprovaram sua multipotencialidade ou foi uma luta apenas por serem como são? Mesmo que declarassem que não

---

[55] Uma das razões pelas quais decidi fazer uma palestra no TED foi esta: eu queria que os multipotencialistas tivessem um material curto que pudessem enviar a seus amigos e familiares confusos.

[56] Caso não se sinta muito confiante no início, não há problema nenhum em "fingir até conseguir".

tinham o apoio de sua família desde o início, quase todos os meus entrevistados me disseram que seus pais acabaram aceitando. Assim que seus entes queridos viram que eram felizes e financeiramente estáveis, as críticas cessaram. Às vezes, até ficavam muito orgulhosos de todo o trabalho interessante que o filho estava fazendo (mesmo que não o entendessem totalmente).

Quando os pais encorajam os filhos a se especializarem, geralmente isso parte de um sentimento de amor. Eles querem que os filhos sejam autossuficientes, e a especialização parece ser um caminho seguro para se ter um trabalho bem remunerado. As gerações mais antigas nem sempre entendem como a economia é diferente hoje e como se tornou importante ser adaptável e bem versado. Você pode indicar que leiam o artigo da *Fast Company* sobre "Fluxo de Geração", que explica essa mudança cultural. Também pode listar figuras proeminentes que fazem muitas coisas diferentes (Elon Musk, James Franco, Russel Simmon, Oprah Winfrey, Steve Martin etc. Consulte o Apêndice A para ter acesso ao nome de outros multipotencialistas famosos). Você pode ainda tentar expor que as pessoas nos altos níveis das corporações (presidentes, diretores, gerentes de projeto etc.) frequentemente são generalistas. Mas talvez você não queira jogar esse jogo. Muitas vezes, é melhor apenas esperar, concentrar-se na construção de *sua* vida multipotencialista e deixar que os membros de sua família voltem ao assunto em seu próprio tempo.

Livre-se de quem duvida

Diz-se que um indivíduo é produto de seus cinco amigos mais próximos. As pessoas que escolhemos para viver perto de nós impactam profundamente nossa motivação, nossos objetivos e o que acreditamos ser possível. Não tenha medo de se afastar de amizades e procurar novos amigos que tenham estilos de vida e crenças mais alinhados com o caminho que deseja seguir. Você não é obrigado a sair com quem você não quer, especialmente pessoas que criticam suas escolhas ou são negativas em geral. Pode ser difícil deixar amigos que você teve durante a maior parte da vida, mas às vezes é a melhor opção para ter saúde mental e emocional. E depois de se livrar dos céticos...

Procure uma comunidade de apoio

Procure os multipotencialistas em sua vida e aprofunde seu relacionamento com eles. Busque grupos on-line de artistas, empreendedores ou outras pessoas que estejam fazendo as próprias coisas. Você é sempre bem-vindo a se juntar à nossa comunidade em Puttylike.com, onde encontrará um grupo de apoio de multipotencialistas que desejam se conectar com outros multipotencialistas.

Acredite no seu direito de ser quem você é

Você pode e deve tentar explicar sua multipotencialidade às pessoas que são importantes em sua vida. Elas são capazes de entender o que isso significa após algumas conversas e o uso de alguns recursos, ou podem precisar de mais tempo para voltar ao assunto. Mas, mesmo que sua família e amigos aprovem sua multipotencialidade ou não, você precisa viver sua vida e fazer o que deseja. Siga em frente, comece a perseguir as áreas que o fascinam e encontre sua turma.

COMO RESPONDER AO TEMIDO "E AÍ, O QUE VOCÊ FAZ DA VIDA?"

Você está em uma festa e seu amigo o apresenta a um grupo de pessoas. Você sabe que ela já está chegando... aquela pergunta tão temida: "E então, o que você faz da vida?". A maioria de nós odeia ser questionado sobre o que fazemos. Quero dizer, como você se apresenta para os outros quando pode assumir uma dúzia de papéis diferentes com regularidade e o que você faz está mudando constantemente? Ao contrário da maioria das pessoas, é provável que você não tenha um cargo fácil de explicar ou não haja uma única empresa para a qual possa dizer que trabalha. Também pode acontecer de você ter um emprego que gere a maior parte de sua renda, mas que não englobe tudo o que você faz ou no que está trabalhando. A pergunta "O que você faz da vida?" é como a versão adulta de "O que você quer ser quando crescer?". Os multipotencialistas costumam ter muita dificuldade com isso. Como podemos responder a essa pergunta terrível, mas inevitável?

Contexto é tudo: personalize sua resposta de acordo com quem está perguntando

Onde você está e quem está fazendo essa pergunta? Você está em uma festa ou participando de reunião social que não é específica do setor? Você está conversando com alguém que trabalha em uma área relacionada a uma de suas paixões? Você está acompanhando um amigo no Baile Anual dos Contadores?[57] O ambiente em que você se encontra é casual ou profissional? A pessoa que fez a pergunta é um novo amigo em potencial, alguém que parece ter a mente aberta ou um sujeito que está apenas tentando ser educado? Depois de decidir se está se sentindo confortável e se seria útil/apropriado entrar em detalhes sobre a pergunta com essa pessoa, você pode escolher como gostaria de responder.

Em geral, é possível lidar com essa questão de duas maneiras:

1. Dar uma resposta curta que pode não abranger tudo o que você faz, mas é fácil de entender (por exemplo, "Sou um biólogo marinho" ou "Trabalho no Google").

2. Dar uma resposta menos convencional, mas mais precisa, que provavelmente iniciará uma conversa.

A decisão de dar uma resposta curta ou iniciar uma conversa dependerá da pessoa com quem você está falando e de como está se sentindo. Você tem vontade de se abrir com ela? Está inclinado a mergulhar no assunto e falar sobre muitas coisas que gostaria de fazer ou prefere continuar com seu dia?

É normal ter várias respostas para essa pergunta e escolher a mais apropriada para a ocasião. Se você decidir dizer um cargo curto e fácil de entender, não se preocupe se ele

---

57 Tenho certeza de que o Baile dos Contadores precisa existir, se é que ainda não existe.

não transmitir todo o espectro que o representa. As pessoas podem descobrir as outras facetas de sua personalidade à medida que o conhecem melhor.

A abordagem "Eu faço muitas coisas"

Se deseja travar uma conversa mais profunda, você pode se destacar com sua multipotencialidade. Diga algo como "Eu faço muitas coisas" ou "Tenho um monte de projetos diferentes em andamento agora" ou até mesmo "Sou multipotencialista!". Esta é provavelmente a resposta mais genuína, mas com certeza confundirá as pessoas no início e exigirá algumas explicações. No entanto, se você sentir que pode estar na companhia de outro multipotencialista ou está apenas animado com todos os seus projetos e gostaria de falar sobre eles, então esse é um bom caminho a seguir. E se você tem um trabalho bom o suficiente[58] que não reflete tudo o que você faz, pode dizer algo como: "Eu trabalho na [nome da empresa], mas há muitos outros projetos nos quais estou envolvido". A abordagem "Eu faço muitas coisas" levará a uma conversa, então certifique-se de falar sobre seus vários projetos.

Usando um termo guarda-chuva

Existe um termo ou categoria mais ampla que abranja muito do que você faz? Por exemplo, em vez de responder com um

---

58 Discutimos empregos bons o suficiente no capítulo 6.

"Sou ator, pintor e músico", você poderia dizer: "Sou artista". Ou, em vez de dizer "Sou professor de geografia, professor em um zoológico e técnico de saúde", você pode simplesmente se autodenominar educador. Pode ser útil escrever qual é seu trabalho e/ou projetos prioritários e pensar em alguns títulos abrangentes que poderiam encapsular essas diferentes identidades.

"Eu ajudo _____ a _____."

Outra opção é deixar totalmente de fora seu meio/cargo e, em vez disso, falar sobre as pessoas que você ajuda e o que consegue fazer por meio de seu trabalho. Se apenas disser: "Eu ajudo os jovens a se sentirem empoderados", deixe de fora detalhes sobre *como* você os empodera. Talvez você seja professor de dança, talvez palestrante motivacional, talvez trabalhe em uma organização sem fins lucrativos que fornece serviços de saúde para jovens sem-teto, ou faça todas essas três coisas. Se estiverem interessados em saber mais sobre o que faz, lhe perguntarão, e então você poderá elaborar melhor e entrar nos detalhes específicos.

Use essa pergunta como um filtro

Se alguém lhe pergunta o que você faz e não reage bem à resposta, talvez essa pessoa vá mal na entrevista para ser seu novo amigo. Destacar sua multipotencialidade pode funcionar como um teste decisivo para ajudá-lo a determinar se deve fazer amizade com alguém. A gente nunca sabe, mas, às vezes, ser honesto com sua complexidade encorajará a outra pessoa a se abrir sobre a dela. Você pode até descobrir que está falando com outro multipotencialista!

Em um dia ruim, é fácil pensar que seria bom explorar nossos muitos interesses em particular enquanto o resto do mundo apenas nos deixa em paz. Mas nos isolar e relegar nossa multipotencialidade à esfera privada seria um desserviço para nós e para todas as outras pessoas. Ser um multipotencialista "declarado e orgulhoso" significa interagir com o mundo, aprender a falar sobre nosso trabalho e ouvir nosso coração diante do medo ou da desaprovação. Nem sempre é fácil ou confortável nos mostrarmos inteiros. Mas fazer isso, juntos, é ajudar a dar corpo a um movimento. Assuma o risco. Mostre a todos como você é incrível e ajude a diminuir o estigma daquelas pessoas que fazem muitas coisas. Você se sentirá melhor e vai tornar a vida de outros multipotencialistas mais fácil.

10

CONCLUSÃO

No meu terceiro ano da faculdade de Direito, fiz um curso de política musical que mudou a trajetória da minha carreira. Foi um pequeno seminário: um punhado de estudantes de Direito, Música, Administração e Artes. A aula girava em torno de um projeto de um semestre. Fomos separados em equipes interdisciplinares e pediram que apresentássemos uma ideia de empresa que desafiasse o modelo de negócios da indústria musical convencional. Esse curso era meu sonho tornado realidade. Além de ter abordado vários assuntos pelos quais eu me interessava na época — direito, música e empreendedorismo —, o projeto de nossa equipe foi um glorioso amontoado de perspectivas e disciplinas.

Fiquei tão energizada pela ideia de negócio bacana que tínhamos elaborado — uma espécie de coletivo de artes on-line —, que meus colegas de equipe e eu decidimos inscrever nosso plano em uma competição empresarial com participantes de toda a universidade assim que o curso terminasse. Algumas semanas depois, descobrimos que havíamos chegado às semifinais. Ficamos extasiados. O único problema era que agora teríamos de apresentar a ideia a um painel de empreendedores e investidores de verdade. Se você já assistiu a um episódio de *Shark Tank* ou *Dragons' Den*, essa é uma representação bastante precisa de como seria toda essa coisa.

Durante a preparação para a nossa grande apresentação, meus companheiros de equipe e eu nos encontramos com nossa professora e ensaiamos nosso argumento de venda. Depois de ouvir com atenção, ela nos deu um feedback construtivo. Então, percebendo como estávamos nervosos, ela disse algo que carrego comigo até hoje:

> O projeto de vocês é estranho. Não quero dizer isso de uma maneira ruim. A ideia é muito diferente do que os juízes estão acostumados a ver. Não escondam essa estranheza; pelo contrário: mostrem-na.

Eu sabia que ela estava falando sobre uma apresentação em uma competição universitária boba, mas senti como se tivesse recebido autorização para fazer algo que nunca havia me permitido: *mostrar as coisas que me tornam uma pessoa única.*

Durante a maior parte da minha vida, minimizei o que me fazia ser diferente: minha multipotencialidade, minhas opiniões, minha estranheza, minha presença física. Fosse pela minha recusa absoluta em levantar a mão em sala de aula, pela maneira como me escondi em roupas enormes de skatista quando adolescente ou por não ter mencionado minha formação eclética aos meus colegas na casa dos vinte anos, senti que minha sobrevivência dependia de me misturar. Chame isso de resultado do *bullying* quando criança ou apenas o que acontece quando você cresce em uma cultura que diz às meninas para se fazerem pequenas, o que eu queria desesperadamente era me sentir "normal" e pensei que ser normal significava ser invisível. Ao mesmo tempo, havia um impulso dentro de mim que entrava em conflito com tudo isso: meu desejo incessante de me expressar. Essa força venceu quando escrevi músicas, dirigi filmes e fiz outras escolhas proativas em minha vida. Mas esses dois poderes — a necessidade de me misturar e a necessidade de atiçar a chama criativa interior — estavam em confronto constante. Minha professora me deu permissão para mudar de vida. Não era apenas bom ser eu mesma; liderar com minha singularidade pode realmente ter sido a chave do meu sucesso.

Acontece que mostrar nossa estranheza não foi suficiente para ganhar a competição. Perdemos. Provavelmente porque não sabíamos bem como faríamos para gerar receita com o negócio. Ops! Nossa apresentação foi forte, no entanto. Mais do que isso, eu me diverti, o que foi um pequeno milagre. Sempre desprezei falar em público (por motivos óbvios), mas dessa vez não tentei ser formal ou dar um ar profissional à minha apresentação. É claro que fui educada e me preparei, mas também mantive minha personalidade curiosa, sutilmente travessa e entusiasmada no palco. A Emilie não desapareceu lá em cima. Ela apareceu. Foi incrível.

MAXIMIZE SUA MULTIPOTENCIALIDADE

Apresentar coisas que tornam você singular tornou-se um mantra pessoal e um dos meus porquês. Embora eu tenha feito muitas atividades diferentes em minha carreira, grande parte dos meus últimos seis anos tem sido utilizada para ajudar as pessoas a maximizar o que as torna únicas — neste caso, sua multipotencialidade.

O que significa maximizar sua multipotencialidade? Não se trata apenas de aceitar e abraçar sua "fiação interna". Isso é só o começo. Maximizar sua multipotencialidade tem o sentido de construir uma *vida sustentável* em torno de sua pluralidade. É descobrir, em termos práticos, como conseguir *o dinheiro, o significado e a variedade* de que você precisa para se desenvolver, colocar seu brilho no mundo e torná-lo um lugar melhor.

Alguns multipotencialistas obtêm o dinheiro, o significado e a variedade de que precisam ao combinar seus interesses em uma única carreira da Abordagem do Abraço em Grupo, porém multifacetada. Outros combinam alguns empregos de meio período ou negócios que são muito diferentes uns dos outros e possuem várias barras entre seus cargos interessantes. Alguns multipotencialistas que adotam a Abordagem de Einstein sentem-se mais seguros e satisfeitos atendendo às suas necessidades financeiras por meio de um único emprego ou negócio e explorando outros interesses à parte, sem pressão financeira. Depois, há as fênix, com suas magníficas reinvenções a cada poucos anos. Essas pessoas gostam de se aprofundar em uma área antes de estarem prontas para uma mudança. E, claro, não devemos nos esquecer de todos os híbridos: aqueles que mudam livremente entre modelos de trabalho ou os combinam.

Às vezes, acho que somos todos híbridos e que as categorias são apenas um jogo psicológico para nos sentirmos seguros. Ainda assim, precisamos de exemplos para aprender, enquadramentos e estruturas para nos mostrar por onde começar, apenas para que possamos desafiá-los mais tarde. Já disse isso e direi novamente: use as informações deste livro que funcionam para você e deixe o restante para lá. Misture os modelos de trabalho. Teste um novo modelo de trabalho a cada ano, se isso o deixa feliz. *Experimente, itere e personalize tudo isso. É a sua carreira. É a sua vida.*

Outra parte de *maximizar sua multipotencialidade* é aprender a equilibrar sua curiosidade insaciável e seu desejo de progresso. Encontre algumas técnicas de produtividade que funcionem para você e construa sua caixa de ferramentas. Às vezes, você mesmo vai atrapalhar seu próprio caminho; todos fazemos isso. Um pouco de estrutura autoimposta pode ajudar muito a fazer seus projetos avançarem, a explorar vorazmente uma área e a ter paz com sua resistência interior.

Começamos nossa jornada juntos com uma história sobre pressão social, mal-entendido e vergonha. Caso se lembre, encontrei uma conhecida do passado que ficou confusa com uma de minhas mudanças radicais de direção. Percebo agora que essa pessoa não queria ser rude. Ela simplesmente não entendia o que significa ser multipotencialista, e eu não tinha a convicção ou o vocabulário para explicar isso a ela. Espero que você tenha começado a cultivar a confiança em si mesmo e que se sinta mais bem equipado para lidar com as vozes internas e externas que podem tentar derrubá-lo. Mais do que isso, espero que entenda que não é preciso justificar suas escolhas para ninguém. *Como seria sua vida se você se desse permissão para ser tudo o que deseja? O que você poderia criar ou resolver se pudesse lidar com todas as suas paixões abundantes?* Eu não sei. Mas espero descobrir.

JUNTE-SE À COMUNIDADE!

Eu criei o Puttylike.com para ser um lar dos multipotencialistas. Trata-se de um blog, um tesouro cheio de recursos úteis e um lugar onde os multipotencialistas podem se conectar. Junte-se a nós e vamos construir uma vida em torno de nossas muitas paixões juntos.

Vejo você lá.

Sua amiga e colega multipotencialista,

Emilie

APÊNDICE A

MULTIPOTENCIALISTAS FAMOSOS

Maya Angelou (1928-2014): memorialista, poeta, ativista pelos direitos civis, historiadora, dançarina, musicista, atriz, performer, cineasta, diretora, compositora, roteirista e professora.

David Bowie (1947-2016): músico, ator, poeta, dramaturgo, pintor, colecionador de arte e figurinista. Bowie reinventou-se por diversas vezes ao longo de sua carreira musical com uma variedade de personas e estilos musicais.

Richard Branson (nascido em 1950): empreendedor, investidor e filantropo. Fundou o grupo Virgin, que possui mais de quatrocentas empresas em áreas tão diversas quanto as indústrias da música, aeroespacial e das comunicações.

Ray Eames (1912-1988) e *Charles Eames* (1907-1978): formavam um casal e uma equipe profissional energética que fez contribuições significativas na arquitetura e movelaria modernos. Eles também trabalharam com design industrial e gráfico, artes plásticas e cinema.

Tim Ferriss (nascido em 1977): autor, empreendedor e palestrante que escreveu muitos livros sobre trabalho, saúde e aprendizagem. Ele detém um recorde mundial do Guinness em tango e é campeão nacional de kickboxing chinês.

James Franco (nascido em 1978): ator, diretor, produtor de cinema, pintor, poeta, escritor, artista multimídia, músico e professor. Informação interessante: James narrou um documentário sobre Charles e Ray Eames. Veja que temos muitos níveis de multipotencialidade aqui!

Benjamin Franklin (1706-1790): autor, impressor, teórico político, político, cientista, inventor, ativista cívico e diplomata. Franklin ajudou a redigir a Declaração de Independência e a Constituição dos EUA, inventou os óculos bifocais e o para-raios e organizou a primeira biblioteca norte-americana de sucesso com empréstimo de livros.

Galileu Galilei (1564-1642): astrônomo, físico, engenheiro, filósofo e matemático que desempenhou um papel importante na revolução científica do século 17.

Steve Jobs (1955-2011): empreendedor, inventor e designer industrial, mais conhecido por ser cofundador da Apple. Jobs revolucionou vários setores, incluindo a computação pessoal, a música e a animação.

Hedy Lamarr (1914-2000): atriz de cinema e inventora. No início da Segunda Guerra Mundial, Lamarr desenvolveu um sistema de orientação por rádio para torpedos. A Marinha usou essa tecnologia durante a crise dos mísseis cubanos em 1962, e seu projeto ainda é utilizado na indústria de tecnologia de comunicações.

Beatrix Potter (1866-1943): escritora, ilustradora, cientista com foco na natureza e conservacionista. Mais conhecida como autora do livro infantil *A História de Pedro Coelho*. Ela também estudou e pintou fungos e era muito respeitada no campo da micologia. Potter foi uma premiada criadora de ovelhas Herdwick e fazendeira interessada nas questões de preservação da natureza.

Russell Simmons (nascido em 1957): empreendedor, produtor, autor, ativista e filantropo. Foi cofundador da gravadora de música hip-hop Def Jam Recordings, criou três linhas de roupas de moda, incluindo Phat Farm, e é coproprietário de uma organização sem fins lucrativos que oferece programas de educação artística para estudantes das periferias.

Patti Smith (nascida em 1946): musicista, poetisa, memorialista e artista visual. Ela foi uma figura altamente influente na cena punk rock de Nova York na década de 1970. Trabalha em vários meios artísticos e é conhecida como a "laureada poetisa punk" pela fusão do rock com a poesia.

ARTE MEIO AMBIENTE ESPORTE
NEGÓCIOS TECNOLOGIA
MATEMÁTICA CIÊNCIAS EDUCAÇÃO
LINGUAGENS
MATEMÁTICA
MEIO AMBIENTE
ESPORTE ARTE
TECNOLOGIA LIN
EDUCAÇÃO MATEMÁTICA TEC
ESPORTE CIÊNCIAS AMBIENTE
LINGUAGENS NEGÓCIOS

APÊNDICE B

EXEMPLOS DE ÁREAS INTERDISCIPLINARES

Uma das maneiras que os multipotencialistas encontram para cultivar a variedade em suas carreiras é trabalhar em áreas interdisciplinares. (Veja o capítulo 4.) A seguir, apresentamos exemplos que podem ser interessantes para multipotencialistas. Lembre-se de que existem milhares de áreas interdisciplinares e novos campos surgindo todos os dias. Não desanime caso não encontre um encaixe perfeito nesta lista. Há muitos espaços em branco também – continue adicionando mais itens!

Área	Elementos
Bioética	Ciências da vida, tecnologia, medicina, política, direito, filosofia
Bioinformática	Ciências da computação, biologia, matemática, estatística, engenharia, UX design

Cinema	Redação, *storytelling*, fotografia, direção de arte, tecnologia, edição, som, gerenciamento de projetos, negócios, direito
Desenvolvimento sustentável	Desenvolvimento organizacional, economia, justiça social, ecologia, política, tecnologia, negócios, arquitetura, cultura
Design	Arte, engenharia, sociologia, psicologia, música, vídeo, negócios e matérias relacionadas a cada projeto específico
Design instrucional	Teorias educacionais, neurociências, tecnologia, design de mídias interativas, psicologia, pesquisa, *storytelling*, comunicações, programação, filmes, gamificação, design visual, web design, produção de áudio, redação técnica, edição
Editoração	Linguagem, comunicações, *storytelling*, layout, design, fotografia, tecnologia, pesquisa, finanças, direito, negócios, gerenciamento, ensino, "ideação", marketing
Educação	Falar em público, liderança, estilos de aprendizagem, psicologia, desenvolvimento infantil, aconselhamento, gerenciamento, assunto(s) específico(s)

Experiência do usuário (UX)	Programação, pesquisa, *storytelling*, design, artes visuais, tecnologia, sociologia, estudos culturais, escrita, comunicação, psicologia, gerenciamento de projetos
Geografia humana	Geografia, antropologia, história, cultura, pesquisa, economia, políticas ambientais
Gestão de eventos	Gerenciamento de projetos, psicologia, direito, cultura, negócios, finanças, gastronomia, design de interiores
Inteligência artificial	Psicologia, filosofia, tecnologia, neurociência, ciências da computação, matemática, robótica, reconhecimento de padrões, aprendizagem de máquina, percepção visual
Marketing	Redação, design, estatística, análise de dados, pesquisa, negócios, psicologia, economia, gerenciamento de projetos, comunicações, tecnologia
Medicina integrativa	Medicina ocidental, medicina alternativa, herbalismo, acupuntura, *bodywork*, nutrição, aconselhamento, *fitness*, ioga, meditação

Planejamento urbano	Moradia, transporte, meio ambiente, educação, artes, agricultura, economia, arquitetura, design, paisagismo, engenharia civil, justiça social, administração pública, história, pesquisa, mapeamento, redação, comunicação, direito
Programação criativa	Programação, vídeo, artes visuais, design, performance, instalações, som, publicidade, protótipos de produto
Psicoterapia/aconselhamento	Psicologia, escuta, empatia, negócios; assuntos facilmente combinados com outros (por exemplo, arteterapia, musicoterapia, equinoterapia, hortiterapia, oceanoterapia, iogaterapia)

AGRADECIMENTOS

Este livro não teria sido possível sem o apoio e a sabedoria de diversos multipotencialistas radicais (e alguns não multipotencialistas radicais também).

Puttypeeps e todas as pessoas da comunidade Puttylike — esse movimento não existiria sem vocês. Vocês me inspiraram infinitamente e me ensinaram muito. Nunca vou conseguir agradecer o suficiente por todos os seus comentários, as ideias e a amizade ao longo dos anos. Escrevi este livro para todos *nós* e com uma grande responsabilidade em relação a todos vocês, bem do fundo do meu coração.

Meus profundos agradecimentos à minha editora, Hilary Lawson, e a todos na HarperOne, especialmente Sydney Rogers, Kim Dayman, Adia Colar e Noël Chrisman por seu trabalho árduo e entusiasmo inabalável. Hilary, eu não poderia ter uma editora mais maravilhosa. Você defendeu este livro desde o início, e seu apoio, sua orientação e sua franqueza tornaram a tarefa assustadora de escrever um livro (principalmente) prazerosa.

Obrigada a minha agente, Allison Hunter, e a todos na Stuart Krichevsky Agency, e Janklow e Nesbit. Allison, obrigada por sua confiança, sua defesa, pelos brainstormings divertidos e por me mostrar como funciona a cidade grande!

Muita gratidão aos incríveis multipotencialistas que entrevistei e pesquisei. Vocês tornaram este livro muito mais rico. Seu tempo e suas histórias significam tudo para mim.

Mamãe e papai, obrigada por me deixarem explorar o conteúdo do meu coração e por me ensinarem que o aprendizado tem um valor inerente.

Há muitos amigos, parentes e colegas que ajudaram a criar este livro de maneiras mais e menos óbvias. Jason Moore, Ethan Waldman, Diane Pauley, Joel Zaslofsky, Joanna James-Lynn, Neil Hughes, Jon Knepper, Rami Nuseir, Abe Cajudo e Mike Pumphrey: vocês são minha família (ou meus "nerds", como diria Valerie). Conhecê-los foi a melhor coisa na minha jornada como blogueira. Agradecimentos especiais também para Pamela Slim, Chris Guillebeau, Barbara Sher, Cheryl Dolan, Whitney Otto, Joy Harris, Margaux Yiu, Tim Manley, Melea Seward, Arianne Cohen Cozi, Brian Burk, Nora Brooks, Anne Rasmussen, William Anthony, Brigitte Lyons, Maggie Hassler, Tina Piper, Nisha Nathani, equipes do TED e TEDxBend, Stef, Varley, Stuart e Al.

Finalmente, quero agradecer a Valerie, que passou muito tempo editando os primeiros rascunhos deste livro por questões de estilo, conteúdo e atrevimento. Foi uma grande colaboração — eu não poderia ter escrito este livro sem você. Você torna minha vida muito mais fácil e mais completa. Obrigada por seu amor infinito, seu incentivo, sua inteligência e sua paciência. Eu realmente tenho muita sorte.

NOTAS E LEITURAS SUGERIDAS

CAPÍTULO 1
"Existential Depression in Gifted Individuals", de James Webb http://sengifted.org/existential-depression-in-gifted-individual.

CAPÍTULO 2
Um artigo legal sobre habilidades transferíveis: "Neither Teaching nor Publishing: Post-M.F.A. Jobs Beyond Writing," http://www.publishersweekly.com/pw/by-topic/authors/mfa/article/68398-fall-2015-m-f-a-update-neither-teaching-nor-publishing-post-m-f-a-jobs-beyond-writing.html.
A citação de Adam Grant foi retirada daqui: "How to Raise a Creative Child. Step One: Back Off", http://www.nytimes.com/2016/01/31/opinion/sunday/how-to-raise-a-creative-child-step-one-back-off.html.

CAPÍTULO 3
Marianna Virtanen e colegas do Instituto Finlandês de Saúde Ocupacional conduziram vários estudos sobre os efeitos do excesso de trabalho, incluindo estes: "Long Working Hours and Cognitive Function: The Whitehall II Study" (2009), "Long Working Hours, Socioeconomic Status, and the Risk of Incident Type 2 Diabetes" (2015) e

"Long Working Hours and Risk of Coronary Heart Disease and Stroke" (2015).

Para saber mais sobre a abordagem dos ingredientes em relação ao dinheiro e para obter uma visão inteligente sobre as finanças pessoais, confira o livro de John Armstrong, *Como se Preocupar Menos com Dinheiro* [publicado no Brasil pela Editora Objetiva].

CAPÍTULO 5

Para uma visão mais abrangente da Abordagem das Barras, consulte a obra *One Person/Multiple Careers*, de Marci Alboher.

CAPÍTULO 6

Barbara Sher escreveu sobre empregos bons o suficiente e exploradores (ou *scanners*) na obra *Refuse to Choose!*

CAPÍTULO 7

A escala de aversão pode ser encontrada no livro de Pamela Slim, *Body of Work* (nota: ela adicionou uma seção sobre multipotencialistas em seu livro!).

Saiba mais sobre como fazer um trabalho gratuito no curso *Recession-Proof Graduate*, de Charlie Hoehn.

CAPÍTULO 8

O aplicativo de meditação Headspace pode ser encontrado no site headspace.com.

O conceito de "*Shitty first drafts*" ("Primeiros rascunhos de merda", em tradução livre) é discutido por Anne Lamott em seu livro *Palavra por Palavra*.

CAPÍTULO 9

Amanda Palmer tem discutido amplamente a questão da síndrome do impostor (que ela chama de "a polícia da fraude") em seu maravilhoso livro *A Arte de Pedir*.

Este ótimo artigo da *Fast Company* examina a importância da adaptabilidade no novo mundo do trabalho: "This Is Generation Flux: Meet the Pioneers of the New (and Chaotic) Frontier of Business": https://www.fastcompany.com/1802732/generation-flux-meet-pioneers-new-and-chaotic-frontier-business.

TECNOLOGIA
MEIO AMBIENTE
LINGUAGENS ART
TECNOLOGIA CIÊNCIAS EDU
NEGÓCIOS MATEMÁTICA AM
UAGENS ESPORTE NEGÓ
OLOGIA ARTE TECNOLO
EDUCAÇÃO LIN
MATEMÁTICA ESPORTE

COMPRE UM LIVRO doe um livro

Sua compra tem um propósito.

Saiba mais em
www.belasletras.com.br/compre-um-doe-um

Este livro foi composto em Gotham e impresso em pólen bold 70 g pela gráfica Impress, em agosto de 2021.